JN078884

地域創生
マーケティング

Rise of the Regions in Japan: Marketing Theory and Cases

西村順二／陶山計介／田中　洋／山口夕妃子［編著］

林　優子／武市三智子／大田謙一郎／井上真里／天野恵美子／砂子隆志／仲田道弘［著］

中央経済社

目　　次

林 優子

第2章 持続可能なまちづくりに求められる観光産業

武市三智子

第3章 地域創生とSDGs

72

大田謙一郎

 第**4**章　地域創生と地域住民・観光客の満足

92

陶山計介

第**5**章　地域創生と「コト」ベースのブランディング

第 II 部　　事例編 _____ 114

井上真里

第 **6** 章　地域創生におけるゲートキーパーの役割
──上川町役場と上川大雪酒造との関係を中心に──

_____ 129

天野恵美子

第 **7** 章　地域特産品の創出と地場産業の発展

砂子隆志

第 **8** 章　**着地型観光による地域創生**

──────────────────────────────── 165

山口夕妃子

第**9**章　有田焼にみる海外展開と地域創生

──────────────────────────────── 181

田中　洋・仲田道弘

第**10**章　山梨ワインクラスター
── 文化システムの視点から見た地域産業 ──

序　章

地域の活性化を考える視座

西村順二

1 現代社会の人口動態の課題

　人口の縮減化が叫ばれて久しい。この人口の継続的な減少は少子高齢化という構造を生み出し，さらには生産年齢人口の減少を引き起こす大きな一因となっている。そして，この人口減少は日本全体の問題ではあるが，必ずしも全国に同じような状況をもたらしてはおらず，例えば，大都市への人口集中が起こっている一方で，限界集落と呼ばれるような地域が一部に生み出されるなど，地域によるまだらな状況が見られる。**図表序－1**は，都道府県別の対前年人口の増減率を示している。2018年に増加を示しているのは，東京都，沖縄県，埼玉県，神奈川県，愛知県，そして千葉県である。2019年には，それらの都道府県に滋賀県を含めた7都道府県だけが増加を示している。その他の都道府県は，2018年と2019年の両年にわたってマイナスの増減率を示している。

　さらに，この人口増加を示している都道府県について，**図表序－2**に基づき2018年と2019年の両年において増減の内訳を見てみると，自然増加と社会増加の両方を達成しているのは沖縄県だけである。それ以外の人口増加を示している都道府県では，人口は自然減少しているが，一方で社会増加が起こり，それが自然減少分を賄っているために，全体としての人口増加を生み出すという状

図表｜序－1　都道府県別人口増減率

(単位　％)

人口増減率順位	都道府県	人口増減率 2019年	2018年	人口増減率順位	都道府県	人口増減率 2019年	2018年	人口増減率順位	都道府県	人口増減率 2019年	2018年
－	全　国	-0.22	-0.21	16	群 馬 県	-0.50	-0.39	32	福 井 県	-0.78	-0.59
1	東 京 都	0.71	0.72	16	石 川 県	-0.50	-0.35	33	山 梨 県	-0.80	-0.71
2	沖 縄 県	0.39	0.31	18	岐 阜 県	-0.51	-0.58	34	島 根 県	-0.84	-0.71
3	埼 玉 県	0.27	0.28	19	熊 本 県	-0.53	-0.48	35	鳥 取 県	-0.86	-0.84
4	神奈川県	0.24	0.20	20	佐 賀 県	-0.55	-0.55	36	山 口 県	-0.88	-0.90
5	愛 知 県	0.21	0.18	21	三 重 県	-0.58	-0.46	37	愛 媛 県	-0.93	-0.90
6	滋 賀 県	0.11	-0.01	22	茨 城 県	-0.59	-0.52	38	福 島 県	-0.98	-0.99
7	千 葉 県	0.08	0.14	22	香 川 県	-0.59	-0.58	39	新 潟 県	-1.00	-0.92
8	大 阪 府	-0.04	-0.12	24	栃 木 県	-0.61	-0.56	40	和歌山県	-1.05	-1.08
9	福 岡 県	-0.07	0.01	25	富 山 県	-0.66	-0.52	40	長 崎 県	-1.05	-0.99
10	京 都 府	-0.31	-0.32	25	奈 良 県	-0.66	-0.63	42	徳 島 県	-1.09	-0.99
11	兵 庫 県	-0.33	-0.34	27	北 海 道	-0.68	-0.65	43	岩 手 県	-1.12	-1.12
12	宮 城 県	-0.40	-0.33	28	宮 崎 県	-0.69	-0.74	44	山 形 県	-1.15	-1.04
13	静 岡 県	-0.43	-0.44	29	長 野 県	-0.70	-0.80	44	高 知 県	-1.15	-1.06
14	岡 山 県	-0.46	-0.47	30	大 分 県	-0.71	-0.75	46	青 森 県	-1.31	-1.22
14	広 島 県	-0.46	-0.41	31	鹿児島県	-0.74	-0.70	47	秋 田 県	-1.48	-1.47

注：人口増減率（％）＝ $\dfrac{\text{人口増減（前年10月〜当年9月）}}{\text{前年10月1日現在人口}} \times 100$

　　人口増減　＝　自然増減＋社会増減

出所：総務省統計局　人口推計（2019年（令和元年）10月1日現在）

　　　人口推計増減率は2018年と2019年

　　　全国：年齢（各歳），男女別人口・都道府県：年齢（5歳階級），男女別人口

　　　（https://www.stat.go.jp/data/jinsui/2019np/index.html）

図表｜序－2　人口増減要因別都道府県

	増減要因	都道府県名 2019年	都道府県名 2018年	都道府県数 2019年	都道府県数 2018年
人口増加	自然増加・社会増加	沖縄県	沖縄県	1	1
	自然増加・社会減少			0	0
	自然減少・社会増加	埼玉県 千葉県 東京都 神奈川県 愛知県 滋賀県	埼玉県 千葉県 東京都 神奈川県 愛知県 福岡県	6	6
人口減少	自然増加・社会減少			0	0
	自然減少・社会増加	宮城県 群馬県 静岡県 京都府 大阪府 兵庫県 福岡県	宮城県 群馬県 富山県 石川県 滋賀県 京都府 大阪府 島根県	7	8
	自然減少・社会減少	北海道 青森県 岩手県 秋田県 山形県 福島県 茨城県 栃木県 新潟県 石川県 福井県 山梨県 長野県 岐阜県 三重県 奈良県 和歌山県 鳥取県 島根県 岡山県 広島県 山口県 徳島県 香川県 愛媛県 高知県 佐賀県 長崎県 熊本県 大分県 宮崎県 鹿児島県	北海道 青森県 岩手県 秋田県 山形県 福島県 茨城県 栃木県 新潟県 福井県 山梨県 長野県 岐阜県 静岡県 三重県 兵庫県 奈良県 和歌山県 鳥取県 岡山県 広島県 山口県 徳島県 香川県 愛媛県 高知県 佐賀県 長崎県 熊本県 大分県 宮崎県 鹿児島県	33	32

出所：総務省統計局　人口推計（2019年（令和元年）10月1日現在）

　　　全国：年齢（各歳），男女別人口・都道府県：年齢（5歳階級），男女別人口

　　　（https://www.stat.go.jp/data/jinsui/2019np/index.html）

況となっている。つまり，この社会増加の恩恵を受けることができているのは，埼玉県，千葉県，東京都，神奈川県，そして愛知県であり，これらは大都市を擁するか，あるいは大都市を近辺に有しているものである。そしてそれら以外のほとんどの道府県では，自然減少が社会増加を上回るか，自然減少と社会減少の両方に直面しているということになっている。

　したがって，一概に人口減少問題といっても，社会増加に依存して人口を増加させる大都市を有する都府県と，そうした大都市を有していない自然減少と社会減少の両方の影響を受ける道府県の間に，人口動態上の差異が存在していることに注意する必要がある。そして，もはや人口の自然増加はかなりの程度で困難であり，人口増加がもたらしてくれる効果については，今や社会増加に期待することが一つの大きな方向性といえるであろう。

　さて，この人口減少問題であるが，それはいつ頃から注目されるようになってきたのであろうか。総務省の資料に基づくならば，それは2008（平成20）年から見られる特徴である。**図表序－3**のとおり，2008（平成20）年が，人口が継続して減少する社会の始まりの年，すなわち人口減少社会「元年」とされており（統計Today No.9　人口減少社会「元年」は，いつか？平成24年11月28日），すでに十数年前から大きな社会問題と認識されていたのである。

　それでは，この人口減少社会が始まった以降の十数年間で，どのような出来事や社会的価値に対する考え方が生まれてきたのであろうか。例えば，以下のものが考えられるだろう。地球環境問題への関心（2005年京都議定書発効），経済不況（2008年リーマンショック），天災・自然災害（2011年東日本大震災等），CSR（企業の社会的責任）からCSV（共有価値の創造）への考え方のシフト，Eコマースとエスエヌエスの急速な普及，IoT，AI，DXの進展とビッグデータへの関心，モノからコトへの消費嗜好の変化，所有権から使用権へのシェアリング・エコノミーの注目，働き方改革推進，2016年の女性活躍推進法，SDGsやESG投資への着目，ふるさと納税導入，そして新型コロナウイルス感染症の世界的拡大によるニューノーマルの出現等である。したがって，人口動態におけるその縮減化にとどまらず，それが生み出す大きな社会的価値変化への注目が必要となる。それは，以下のような社会変動に基づいているといえるであろう。つまり，経済成長期を経て経済の低成長期では勝ち組と負け組が明確化するという分断

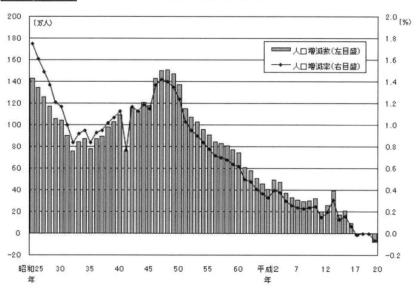

図表｜序－3 日本の人口の増減数・増減率の推移

出所：総務省統計局 統計Today No. 9（https://www.stat.go.jp/info/today/009.html）

が生まれ，そしてIT・高度情報化の急激な進展により誰しもが容易に情報を
発信できるようになり，個人ベースでの価値観偏重の拡散や浸透が見られるよ
うになった現代社会において，個人が強調されるようになり，それがまた周り
に対する他人事化を進めたといえる。そして，これらのある種の社会的動向に
対しての反発・反作用として，改めて人々の絆やつながりが注目されるように
なったのである。そして，この人と人との関係構築の基盤になるものとして地
域社会が重視されるようになったといえよう。地域社会を基盤とした多様性，
当事者性，持続可能性，絆・関係性（役割集合・役割距離），暮らしなどの確保
が求められ，それに対する政府の一つの答えとして，まち・ひと・しごと創生
総合戦略と呼ばれる国の施策を生み出すことになったのである。

2 ｜まち・ひと・しごと創生総合戦略の目指すもの

　それでは，ここで日本における地域資源等の活用を想定した政府の地方創生

について確認しておこう。政府のまち・ひと・しごと創生本部に従うならば，「地方創生とは，各地域がそれぞれの特徴を活かした自律的で持続的な社会を創生すること」とされている。さらには，その根拠となる「まち・ひと・しごと創生法」は，少子高齢化・人口減少に歯止めをかけるとともに，東京圏への人口集中を是正し，それぞれの地域で住みよい環境を確保することによって，将来にわたって活力ある社会を維持していくために，まち・ひと・しごと創生（地方創生）に関する施策を総合的かつ計画的に実施することを目的とする法律（平成26年（2014）制定　第2次安倍内閣）とされている。人口減少社会が始まったとされる2008年から6年後のことである。これらの政府の考え方は，人口減少問題だけではなく，また従来の活性化ではなく，地域の経済，厚生，教育，まちづくり等多方面にわたる多様性を持った新たな価値創出による地域の活性化が主眼となっているといえる。

　さらには，内閣府のもとで，2014（平成26）年2月27日に「まち・ひと・しごと創生長期ビジョン」，そして「まち・ひと・しごと創生総合戦略」が閣議決定されている。その後「まち・ひと・しごと創生長期ビジョン（令和元年改訂版）」，そして「第2期のまち・ひと・しごと創生総合戦略」（2020改訂版）が閣議決定され，それぞれに第1期5年間（2015〜2019年度）の取り組みの検証と，2020年度を初年度とする以降5年間の目標や施策の方向性がまとめられている（**図表序－4，序－5**参照）。

　まず，4つの基本目標と2つの横断的目標は，**図表序－4**のとおりである。**図表序－5**にあるそれぞれの目標に対する施策の方向性では，社会的価値の諸変化に基づく多方面にわたる施策が示されている。それらの施策は，「まち・ひと・しごと」という視点から地域の革新的な活性化を目指しており，従来の活性化ではなく新たな価値創出による地域の活性化が主眼となっている。

　例えば，雇用を含んだ地域の産業活性化，都市の再生や市街地の活性化，人材育成・自立支援，地域交通整備，地域コミュニティづくり等である。すなわち，それは経済価値だけではなく，社会価値や生活価値へも敷衍して目指していくべきものであり，経済性と社会性の両立を目指すものである。そして，地域やまちをプラットフォームとした人々のつながり，ネットワークによる相乗効果が期待されている。「地方創生とは，各地域がそれぞれの特徴を活かした

6

図表｜序－４ 第２期まち・ひと・しごと創生総合戦略の目標

基本目標
① 稼ぐ地域をつくるとともに，安心して働けるようにする
② 地方とのつながりを築き，地方への新しい人の流れをつくる
③ 結婚・出産・子育ての希望をかなえる
④ 人が集う，安心して暮らすことができる魅力的な地域をつくる

横断的目標
① 多様な人材の活躍を推進する
② 新しい時代の流れを力にする

出所：内閣官房・内閣府総合サイト「地方創生」『第２期「まち・ひと・しごと創生総合戦略」（2020改訂版）』より筆者加工。
　　　（https://www.chisou.go.jp/sousei/info/pdf/r02-12-21-senryaku2020.pdf）

図表｜序－５ 第２期まち・ひと・しごと創生総合戦略の施策方向性

	施策の方向性	横断的目標①		横断的目標②	
		多様なひとびとの活躍による地方創生の推進	誰もが活躍する地域社会の推進	地域におけるSociety5.0の推進	地方創生SDGsの実現などの持続可能なまちづくり
基本目標①	・地域資源・産業を活かした地域の競争力強化 ・専門人材の確保・育成 ・働きやすい魅力的な就業環境と担い手の確保				
基本目標②	・地方移住の推進 ・若者の修学・就業による地方への定着の推進 ・関係人口の創出・拡大 ・地方への資金の流れの創出・拡大				
基本目標③	・結婚・出産・子育ての支援 ・仕事と子育ての両立 ・地域の実情に応じた取組の推進				
基本目標④	・質の高い暮らしのためのまちの機能の充実 ・地域資源を活かした個性あふれる地域の形成 ・安心して暮らすことができるまちづくり				

出所：内閣官房・内閣府総合サイト「地方創生」『まち・ひと・しごと創生長期ビジョン（令和元年改訂版）』及び『第２期「まち・ひと・しごと創生総合戦略」（概要）』に基づき筆者加工。

自律的で持続的な社会を創生すること」（まち・ひと・しごと創生本部）であり，「まち・ひと・しごと創生法とは，少子高齢化・人口減少に歯止めをかけるとともに，東京圏への人口集中を是正し，それぞれの地域で住みよい環境を確保することによって，将来にわたって活力ある社会を維持していくために，まち・ひと・しごと創生（地方創生）に関する施策を総合的かつ計画的に実施することを目的とする法律である。」（平成26年（2014）制定　第2次安倍内閣）ということに，上記の多様な価値実現のすべてが含まれていると言えるであろう。

3 ｜ 産業集積のタイプとその捉え方

さて，この地方創生における地域活性化において，地場産業を中心とする産業の集積は一つの重要な注目すべき考察対象となる。それは，地域に活力を与える上で，地域資源を有効に活用するということは，地域の目指すべき一つの方向性であり，これら地域資源が有機的かつ効率的に結びつけられる産業集積化は，地場産業の活性化や再活性化を誘導するからである。本書では，以下の各章において多様な産業を対象とし，それらにおいて一定の集積や塊としての地域活性化へのコミットメントが議論されている。

これら産業集積のタイプ分けは，2つの次元から可能となる。第1の集積のタイプ分けは，業種・業態次元によるタイプ分けである。それは，従来のモノづくり産業集積の発展・活性化に見られる下請け業者をも取り入れた製造業中心の企業城下町，寺前や神社前での自然発生的な市（いち），そして意図的に誘導された流通・サービス業の集積による発展・活性化にみられる卸団地・物流団地・商店街・SC等，そして，地域資源である自然・文化財・歴史的遺物の集積による観光業の活性化に見られる観光地エリアやテーマパーク等である。

第2に，拠点立地特性次元によるタイプ分けである。それは，産業集積が立地する空間的な場所に基づくものである。例えば，千代田区の印刷業や神戸市のケミカルシューズ産業などのように，都市内での近接立地による効率性の高い製品化プロセスの完結を得やすい都市部での産業集積が挙げられる。次に，東大阪市の金属工業（ボルト・ナット類）や堺市の刃物産業のように，後背地に大都市を有し，販売経路の確保が得やすい都市周辺部産業集積を挙げること

ができる。さらには新潟県燕市の金属洋食器産業，福井県鯖江市の眼鏡産業，そして佐賀県有田町の窯業を代表例として挙げることのできる地方都市部産業集積である。

　これら諸産業集積の近年の姿を見ていると，特に製造業の産業集積において共通する特徴を見ることができる。それは，高度経済成長期を経て規模の経済を獲得する成長戦略を求めて，より大きな市場への拡大を行ってきたが，その後アジア諸国を中心とする新興国の安価な類似製品・サービスにその立場をとって替わられることになり，それ故に，量の競争ではなく質の競争やブランド化を図るなどの代替的戦略を展開せざるを得なくなったということである。そして，今や，必ずしも主たる目的として規模の経済による成長を求めるのではなく，適正規模での持続可能性を求める方向への舵取りも行われている。もちろんそれは，縮小均衡に至るのではなく，身の丈にあった，そして地域のすべてのステークホルダーを底上げできる地域の姿を求める新しい社会価値のもとで地域全体を包摂して産業基盤を厚くするような方向性が目指されているのである。

4 地域経済における産業集積タイプの差異

　それでは，次に流通・サービス業に注目し，これらの産業集積と製造業の産業集積との差異性について確認しておこう。業種・業態次元のタイプ分けに見られる製造業産業集積と商業・サービス業集積における集積度の差異の存在を確認する。そこで，ある産業の地理的集積の程度を，全産業就業者の分布との相対比較で測定されたEllison-Glaeser指数（以下「EG指数」）を活用して見てみよう。EG指数は，事業所規模の影響を取り除いた空間的な集中度に基づき，事業所立地確率を全産業就業者の地域分布から乖離させる要因の強さを測ったものである。したがって，ある産業の地理的集中・集積の程度を，全産業就業者の分布と比べる相対比較で測定されたものであると言える（Ellison and Glaeser 1997・1999，中村 2008，徐 2017，陳 2016を参照されたい）。

　ここでは，大阪府の産業において，本社の集積指数から見て，製造業のトップ20産業と卸売業・小売業のトップ20産業が，集積指数上類似しているのか異

図表｜序－6　大阪府の製造業と卸売業・小売業における集積指数上位20業種

大阪府の製造業で集積を示す産業		大阪府の卸売業・小売業で集積を示す産業	
産業小分類	集積指数	産業小分類	集積指数
石油精製業	1.076	管理，補助的経済活動を行う事業所（50 各種商品卸売業）	0.922
映像・音響機械器具製造業	0.574	衣服卸売業	0.313
革製履物製造業	0.513	繊維品卸売業（衣服，身の回り品を除く）	0.286
管理，補助的経済活動を行う事業所（31 輸送用機械器具製造業）	0.448	管理，補助的経済活動を行う事業所（51 繊維・衣服等卸売業）	0.105
電池製造業	0.436	身の回り品卸売業	0.097
航空機・同附属品製造業	0.376	各種商品卸売業	0.082
革製履物用材料・同附属品製造業	0.358	農畜産物・水産物卸売業	0.081
ゴム製・プラスチック製履物・同附属品製造業	0.315	化学製品卸売業	0.079
管理，補助的経済活動を行う事業所（16 化学工業）	0.200	管理，補助的経済活動を行う事業所（59 機械器具小売業）	0.072
建設機械・鉱山機械製造業	0.177	医薬品・化粧品等卸売業	0.062
電子デバイス製造業	0.166	鉄鋼製品卸売業	0.049
製鋼・製鋼圧延業	0.144	紙・紙製品卸売業	0.048
管理，補助的経済活動を行う事業所（18 プラスチック製品製造業）	0.117	その他の機械器具卸売業	0.040
電線・ケーブル製造業	0.113	管理，補助的経済活動を行う事業所（57 織物・衣服・身の回り品小売業）	0.036
管理，補助的経済活動を行う事業所（32 その他の製造業）	0.110	電気機械器具卸売業	0.033
なめし革製造業	0.109	石油・鉱物卸売業	0.033
パルプ製造業	0.104	非鉄金属卸売業	0.028
金属線製品製造業（ねじ類を除く）	0.103	管理，補助的経済活動を行う事業所（61 無店舗小売業）	0.027
貴金属・宝石製品製造業	0.098	産業機械器具卸売業	0.026
タイヤ・チューブ製造業	0.094	自動車卸売業	0.023

出所：大阪産業経済リサーチセンター編（2017）に基づき筆者加工。

| 図表 | 序－7 | 産業の種類による差異の t 検定結果 |

	N	平均	標準偏差	t	p
製造業	20	0.282	0.244	2.24	＊
卸売業・小売業	20	0.122	0.204		

出所：筆者作成。

なっているのかについて確認した。集積の程度が異なる理由として，集積のあり様の差異（地域特化の経済・都市化の経済）や人口・人口密度と労働生産性の関係が想定されるが，本研究では製造業と商業（卸売業と小売業）という産業種類の違いに基づき，その産業集積指数を比較するために t 検定を行った。なお，EG指数は，一般的には0.05以上で当該産業が強い集積を示していることになり，0.02未満であれば当該産業に集積はないものと考えられる。本研究では，大阪産業経済リサーチセンターの政策立案支援調査「大阪における本社の立地・移転の状況に関する調査研究」で使われている，2012年経済センサスによる大阪府内における本社集積の数値を利用した（**図表序－6**を参照されたい）。

　その結果が**図表序－7**に示されている。t (38) ＝2.24，p ＜.05となり，この両者には有意な差が認められた。したがって，製造業と商業（卸売業・小売業）の産業集積には，その集積度合いにおいて差異が存在するといえる。製造業の集積と卸売団地・商店街という商業・サービスの集積では，必ずしも同様の産業集積を形成するとは言い難く，産業集積間に多様性が存在することを意味している。各地域の実態を考えていくに際して，この産業集積の多様性は重要であり，その集積が地域に対して意味していることに注意すべきである。

5 ｜ 地域活性化の考察における課題と方向性

　最後に，地域活性化を考える上で，地域やエリアは一つの重要視点であることを指摘しておきたい。例えば，「地方とは，三大都市圏を除く地域を言い，この三大都市圏とは，東京圏，大阪圏，名古屋圏をいう」（出所：国土交通省総合政策に基づく定義）とされている。また，Czamanski,C. (1973) や井原 (1983) に従えば，地域とは，経済的に見て他の地域と強い連携を持っているという事

実関係があるにもかかわらず，その地域が独立して機能し得るほど十分に包括的な構造をもった国民経済内部における領域（エリア）とされている。これらに近似するものとして，本書で考察される地域創生マーケティングにおいては，基本的にはその対象となる地域を，リアルであれバーチャルであれ，当該地域の人，生活，産業等の固有性や独自性を有した地域資源に基づく共通の一体性を持った等質空間であり，独立して機能できる程度の重層性や重複性を有した経済エリアと考える。それにより，地域ブランドや地域産業集積，さらにはまちそのものの活性化が考察対象となり得るし，これらを検討・分析する意味はあると考えられる。

　なお，地域活性化の考察において，その対象の広がりは，多様な地域活性化が進められている現実からは多面的な様相を有することになる。人口問題においては，需要としての人口もあれば，雇用としての人口も想定される。また交流人口も想定される。地域産業においては，ものづくり，流通・商業，観光・サービス業などの広がりを持つし，すでにそこにはその集積度に差異が存在することが確認されている。さらには，第1次産業，第2次産業，そして第3次産業の区分はもちろんのこと，さらには第6次産業という複合化は現実に実践されている。ものづくりにおいては，汎用品や日常生活用品と特殊領域への法人向け技術特化品や工芸品という広がりも考えられる。さらには，イノベーションや新規事業開発と既存製品の深耕化も考えられる。したがって，近年の地域活性化には多様性と多面性の両者が存在し，それらは，それ故に「つながる」という関係性の中で進展していることに着目して考察を行う必要性があるといえるだろう。「つながる」とは，需要側においても供給側においても，ローカルにもグローバルにも内と外に向けて開かれ，そして，交流していくことである。この意味での多様なつながりを形成し，積極的に交流していくことに地域創生の活性化への途があるといえるであろう。

◆　参考文献

Czamanski,C.（1973）*Regional and Interregional Social Accounting*, Lexington, Mass., : Lexington Books.

Ellison,G. & E.L.Glaeser（1997）"Geographic concentration in US manufacturing industries : a dartboard approach", *Journal of Political Economy*, 105, pp.889-927.

Ellison,G. & E.L.Glaeser（1999）"The geographic concentration of industry : does natural advantage explain agglomeration?," *American Economics Review*, 89, pp.311-316.

井原健雄（1983）「地域分析における地域概念の検討」『香川大学経済論叢』56（1），pp.245-257。

大阪産業経済リサーチセンター編（2017）「大阪における本社の立地・移転の状況に関する調査研究　補足資料」『大阪府内における本社集積の状況』資料 No.157。

徐　涛（2017）「中国の産業集積：空間統計分析についてのサーヴェイ」『季刊 北海学園大学経済論集』65（3），pp.15-30。

田中英式（2018）『地域産業集積の優位性―ネットワークのメカニズムとダイナミズム―』白桃書房。

陳　光輝（2016）「中国の産業集積：確率的立地モデルにもとづく分析」『国民経済雑誌』213（2），pp.31-43。

中村良平（2008）「都市・地域における経済集積の測度（上）」『岡山大学経済学会雑誌』39（4），pp.99-121。

西村順二（2015）「地域中小企業における産業集積と市場の関係性に基づく成長戦略：ケミカルシューズ産業の事例研究」『甲南経営研究』56（1），pp.25-47。

西村順二（2015）「地域産業における産業集積の特徴と課題：消費地近接性の有効化について」『甲南経営研究』56（3），pp.53-85。

法政大学比較経済研究所/近藤章夫編（2015）『都市空間と産業集積の経済地理分析』㈱日本評論社。

松原宏（2006）『経済地理学　立地・地域・都市の理論』東京大学出版会。

内閣官房・内閣府総合サイト「地方創生」『第2期「まち・ひと・しごと創生総合戦略」（2020 改訂版）』
（https://www.chisou.go.jp/sousei/info/pdf/r02-12-21-senryaku2020.pdf）

内閣官房・内閣府総合サイト「地方創生」『まち・ひと・しごと創生長期ビジョン（令和元年改訂版）及び第2期「まち・ひと・しごと創生総合戦略」』
（https://www.chisou.go.jp/sousei/info/pdf/r1-12-20-gaiyou.pdf）

内閣府政策統括官編（2003）『地域の経済2003―成長を創る産業集積の力―』内閣府
（https://www5.cao.go.jp/j-j/cr/cr03/pdf/chr03_01-03.pdf）

内閣府経済財政分析担当（2012）『地域の経済2012—集積を活かした地域づくり—』
　　内閣府，第2節
　　（https://www5.cao.o.jp/j-j/cr/cr12/chr120302.html）

第Ⅰ部

理　論　編

第1章

地域創生の論理とマーケティング・コミットメント

西村順二

　「地方創生」や「地域活性化」により，地域経済の持続的発展の途を探る諸活動が注目されているが，本研究では「地域創生」という言葉を使用する。その意味は，当該エリアにおける固有の資源，それも経営資源に着目するからである。当該エリアの狭い市場であろうが，日本全国さらにはグローバル展開して世界にまたがる市場であろうが，その需要側には自由度を与えることになる。

　一方で，供給側においては，当該エリアへの粘着性，特殊性，そして拘泥性と呼べる固有の経営資源によって「地域」を考えるが，他地域や海外からの供給者流入による活性化も重要と考える。それ故に供給側にも自由度が想定され，地域に埋め込まれた固有の経営資源を現代的に再編集することにより，集積のメリットを生み出し，それが地域社会における革新につながるという観点から，地域創生マーケティングを考える。

1 ┃ 地域創生の意味すること

　現代の経済社会においては，「地方創生」や「地域活性化」という言葉により，地域経済の持続的発展の途を探る諸活動が注目されている。その中にあって，本研究では敢えて「地域創生」という言葉を使用する。その意味を「地域」と「創生」という2点から捉えてみよう。

1.1　地域の捉え方

　本研究においては，都市や地域という空間的な領域にこだわるのではなく，当該地域固有の資源，それも地域活性化に資する様々な地域資源に着目する。すなわち，当該地域の経済諸活動，地場産業，歴史・文化，伝統行事やイベントなどを捕捉できるような，ある一定の関係性概念から見たエリアとして「地域」を捉えることにする。したがって，たとえ明示的な空間がイメージされても，リアルな関係性だけではなく，ネットワークやバーチャルにおける関係性をも含んだエリアになる。そして，このような意味で何らかの限定を受けた当該の関係性エリアの市場は，当該地域を対象としていようが，全国に広がる市場を対象としていようが，あるいはグローバル展開して世界にまたがる市場を対象としていようが，さらには都市での展開であろうが，地方での展開であろうが，ネット上の空間市場であろうが，その需要側には自由度が与えられることになる。つまり，需要の分布については 関係性エリアの中で捉えられるものであり，地域や都市という区分にはこだわらないということである。もちろん，現代のCOVID-19の環境下では，マイクロツーリズム，近隣外食，そして料理の宅配であるウーバーイーツや出前館などに代表されるように地域の内部需要が特に注目されていることは当然であり，これらのローカル需要をないがしろにするつもりはない。

　しかしながら，ある限られた空間内の需要者だけを対象としてきた過去における消費者分布の捉え方から，今やグローバルにヒト，モノ，サービスが動く中で，需要側に消費者を区分する境界を超えた空間的広がりやモビリティがあることは自明であるだろう。したがって，需要側においては，その広がりにはある程度の許容範囲はあるべきであると考える。

　一方で，供給側においては，もちろん境界を超えて空間的に移動することは可能であろうが，当該エリアへの粘着性，特殊性，拘泥性，そして意味性とでも呼べるような固有の地域資源においては，当該地域を離れてはその本来有する価値や意味が大きく薄れてしまうと考えられる。ただし，供給側の関係性構築はバーチャル空間やネットワーク関係の中での分業や下請け体制も想定できる。また，いわゆる「よそ者」と呼ばれるような新しい技術やデザインとの交

流などによりさらに当該地域産業が深耕され，新しい技術開発・デザイン開発等が生じてくることも含むものである。したがって，ここでは，供給側においてもオープンな自由度を持ったものとして，しかしながら当該地域に端を発する地域資源からは離れずにビジネスを中心とした人や情報の交流が行われる恒常的なオープンな場，すなわち「人々がそこに参加し，意識・無意識のうちに相互に観察し，コミュニケーションを行い，相互に理解し，相互に働きかけ合い，相互に心理的刺激をする，その状況の枠組み」（伊丹 2005）や機会であることを明確にしながら「地域」を捕捉するということが必要であると考える。

1.2　創生の考え方

　従来当該地域に埋め込まれて多数存在していた地域資源の中には，下請けや分業等によって，ある種の集積状態や連携状態という塊として地場産業化されはしたものの，経済環境・需要の変化等により制度疲労を起こし，あるいは時代の価値観からずれてしまい，疲弊しつつあるものも少なくはないだろう。このような状況に対して，もともと地域に埋め込まれていた多様な固有資源を現代的に再編集する，あるいは新たに発掘・育成し唯一無二のものとして磨き上げることにより，新たな集積・ネットワークのメリットを再評価し，それらが地域社会における活性化やそれを進める革新となるものとして「創生」を考える。より具体的にいうならば，一組織が地域から独立して引き起こす革新というよりは，空間的，時間的，人的，そして組織的な塊・集積・ネットワークが，当該地域にもたらす新規性・革新性である。本研究は，このような視点から「創生」を考えていくものである。「創生」とする諸活動には，常にその時代にあった新しい挑戦や試みが必要である。また，まちづくり，歴史・文化の維持，そして地域の経済活動において，主張され，重視されるのは経済振興と地域振興の融合である。地域の生活社会や経済社会の価値変遷に適合していることが必要になってくる。それ故に，ここでの「創生」では，単なる経済価値だけではなく，地域のアイデンティティの存在や代表性が重要となってくるのである。

　このように本研究で想定している「地域」と「創生」を確認した上で，本研究の目的を提示しておこう。本研究は，地域の広がりを供給側の地域資源に対する意味づけから捉え，その限定性は担保しつつ，需要側にも供給側にもリア

ル空間とバーチャル空間の両面性を想定した上で，その広がりに対してはある
程度の自由度を許容するものである。そして，この地域とのオープンな関係性
を基盤にして，地域の諸課題をローカルに閉じ込めずにグローバルにも解決し
ていき，もって革新を通して地域全体の振興と地域経済の振興を両立させる地
域創生マーケティングを明らかにすることを目指すものである。

　なお，本研究では，次のように考察が進められる。まず，従来の地域活性化
の一つの有効な方向性として注目されてきた，供給側が地域特化する産業集積
論について概観する。次に，3つの地域の事例をもとに，供給側における技
術・デザイン交流やビジネス交流が地域経済の諸活動や革新につながること，
それらには地域によって多様性が存在することを考察する。そして，供給側の
ローカルな地元密着性と需要側のグローバルな広域開放性から，今や供給側の
グローバルな広域開放性と需要側のローカルな地元密着性へとシフトしてきて
いることを確認する。すなわち，従来は当該地域資源に基づく地域供給側の
ローカル性とでも呼ぶべき土着性によって成長・維持されてきた地域産業・地
場産業は，需要側のグローバル性とでも呼ぶべき広域性や国際性によってさら
に受容されてきたが，今や供給側でもグローバル化により新たな技術導入や製
品開発が進められている。また需要側のグローバル性が他の地域の観光資源等
と結びつき，さらに当該地域資源にも磨きをかけることで，新たにローカル市
場を生み出す可能性が生まれてきていることを考察するものである。すなわち，
ローカル資源によるグローバル市場に向けての供給が主であった従来の地域活
性化に対して，ローカル資源自体が，ローカル市場において高度情報化社会に
おけるビジネス交流から新たなグローバル開発・供給能力を持つようになる。
そして，一方で，インバウンド等のグローバル需要に依存してきた従来の地域
活性化が，ローカル市場の需要層に改めて注目し，それがまた新たな地域資源
の発見や開発・編集に向かうということである。ここでは，前者を地域創生に
おける供給のグローバル効果，後者を地域創生における需要のローカル効果と
呼ぼう。前者は供給における異質との交流による革新であり，後者は需要にお
ける異質との再交流による革新である。このように，ダイナミックに動く供給
と需要をマッチングさせるマーケティング発想が必要であり，それをもって地
域創生マーケティングが必要であることを明らかにすることを目的として，本

研究は進められることになる。

2 都市・地域における産業集積論の捉え方

　産業集積とは，近藤（2015）に従えば，近代以降の工業化の進展により都市部や産業地域への人口流入が継続的に起こり，企業・産業の一定地域への集中立地が形成されたものである。これはある都市・地域の成長と一方で他の都市・地域の衰退といった効果を招いたが，「集積論」ではこの正の効果を肯定的に評価してきている。すなわち，企業・産業においても，消費者・労働者という人口においても，ある地域における集積による正の効果と負の効果を比較考慮し，特に正の効果において経済合理性があるが故に，経済活動の地理的集中が起こってきたとするのである。第一義的に集積という点では，供給側の企業・産業の集中立地と，需要側の消費者・労働者の集中立地の両者が想定されているが，産業集積となると企業や産業の集中立地にフォーカスが当てられることになる。したがって，産業集積は「特定の産業がある一定の地理的な範囲に集中して企業や工場が相互に関連して立地している状態」とされている（近藤 2015）。

　このような産業集積の本質はどこにあるのであろうか。まずは産業集積論の考え方を確認しておきたい。以下では，一般的に産業集積論体系化の端緒を見出すことができるマーシャル（Marshall A.）とヴェーバー（Weber A.）の研究を概観しておこう。

2.1　産業集積研究の嚆矢 ──マーシャルとヴェーバー

(1)　マーシャルの研究

　マーシャルは，特定地域に小規模な企業が多数集積し，ある種の地域特化が生じてくる理由を外部経済に求めている（Marshall 1890・1923）。つまり，規模の経済に基づく集積がもたらしてくれる経済性に意味を求めている。そこでは，集積形成・維持のメリットが以下のように提示されている。

　　①　技術に関するスムーズな伝播とそのさらなる向上や改良の進展
　　②　補助産業の形成・成長による道具・材料供給や流通の組織化等多様性の

創出

③　補助産業群に対する事業機会の提供（高度な特化機会に対する十分な市場の形成）

④　熟練した特殊技能を提供できる持続的な労働市場の存在

　これらは，そもそも製造企業の集積を想定した考え方であり，規模の経済に基づいた規模拡大の利益を，個別企業の内部問題と外部問題に区別し，この後者を集積の経済と同一視しているのである。

　また，マーシャルによる研究から派生した研究では，同業種の産業が集積することによって生み出される規模の経済は，個別企業の外部問題であり，地域特化の経済と捉えられている。

　一方，マーシャルの研究系譜とは異なり，ジェイコブズ（Jacobs J.）はその一連の研究（Jacobs 1969・1984）において，個別企業の外部問題に対して，多様で異質な産業が複合的に集積することによって生み出される規模の経済を都市化の経済として捉えている。それは，多様な業種や多様な人的資源等といった，都市が持つ多様性による集積効果に着目したものである（小林 2009）。

　これらマーシャルの想定する産業集積とジェイコブズの想定する産業集積では，その考え方にはいくつかの差異が確認できる。

　まず，その経済効果が及ぼす影響の想定期間という観点からは，相対的に見てマーシャルの研究では短期的であるが，ジェイコブズの研究では長期的であると考えられている。次に，地域でのイノベーションを生み出すという点では，マーシャルの研究では寡占や独占状態においてより適しているが，ジェイコブズの研究では競争状態においてその適合性がより高いということになる。そして，業種差異に基づく経済効果の表出については，マーシャルの研究では重厚長大産業や成熟産業において表れやすいが，ジェイコブズの研究では軽薄短小産業やサービス産業，そして新規の技術研究型産業の方が表れやすいということができる。

　マーシャルの研究は基本的には従来の工場立地型製造企業群を想定し，ある程度安定した環境条件や企業構造・行動の中での集積を見ているが，ジェイコブズの研究では大きな環境変化の中で変化・適応していく企業群やその行動を想定した集積を見ているといってよいであろう。

　さらにジェイコブズは，拡大し，発展するすべての経済には3種類の大きな変化があるとしている。第1に，都市の経済活動が進んでいくと，絶対的にも相対的にも最大の利益をもたらしてくれる。第2に，都市間交易の拡大につれて，付随的都市は活気を生み出し，流動的都市交易のネットワークに引き込まれていく。そして第3に，生産されるすべての財とサービス財の量と種類の増大に伴い，都市において輸入置換過程が起こり，経済発展のダイナミクスが生まれてくるとされているのである（Jacobs 1984）。

　以上，マーシャルとジェイコブズの研究においては，環境条件や企業構造，行動の動態性に関しては差異が見られるが，総体として産業集積形成を誘引する視点からは，規模の経済が重視されていることが分かる（The World Bank 2008）。

(2)　ヴェーバーの研究

　次に，ヴェーバーは，製造拠点となる工場の立地における集積指向から，集積がどこに形成されるのか，またどこに発生するのかを考え，その誘因を輸送費と労働費を中心にした費用の最小化に求めている（Weber 1909）。製造企業が工場立地を検討するにあたって，費用最小化を実現できる場所を求めるため，結果的に集積を形成するとしているのである。そして，この立地費用最小化を，第1に集積を誘引する集積要因，そして第2に集積による反作用として生じる地代の高騰等の費用増大によって分散立地が誘引される分散要因として捉えている。

　さらに，ヴェーバーは，産業集積には低次段階のものと高次段階のものがあるとし，低次の産業集積から高次の産業集積への発展を想定している。低次段階の産業集積は，マーシャルの言う内部経済に相当するものである。それは，ある一企業・組織が特定の技術的設備，専門的労働組織，そして原材料の大量購入市場の発生により手に入れる事ができる平均費用の低下を意味している。高次段階の産業集積は，これらの3つの要因による費用低下をさらに進めるとともに，異なる複数企業・組織の近接立地によって生じる費用低下（社会的インフラストラクチャーの整備）を享受することを含んだものである。したがって，この後者には社会的集積という属性を見ることができる（Weber 1909，松原

1999，山本 2005，五十嵐 2011）。

　このようにヴェーバーの研究では，内部経済と外部経済については集積の次元として区分されている。しかし，それは費用逓減に求められる経済的メリットに着目しているため，マーシャルの研究において区別されている規模の経済，地域特化の経済，そして都市化の経済という費用逓減の根拠原理を明示的には区分しないで，単的な費用メリットとして論じている（松原 1999）。とはいえ，マーシャルの言う地域特化の経済から都市化の経済までの広がりは，ヴェーバーの言う高次段階の産業集積の一つの表れという解釈もできるであろう。

　したがってこの両者の研究には，2 つの特徴を見出せる。第 1 は，内部経済の追求から外部経済の追求へと経過していく地域の産業構造化形成へのプロセスが明らかではないということである。ヴェーバーの研究は集積の発生論，そしてマーシャルの研究は集積の機能論という位置づけがなされているというのが一般的である。したがって，産業集積がなぜ発生し，どのような機能を果たすかは説明できても，その後の存続・成長への説明がなされていないということである。

　第 2 に費用効果に基づく規模の経済という概念が重要となっているということである。マーシャルの研究であれ，ヴェーバーの研究であれ，**図表 1 － 1** にあるように，すべては「規模の経済」にその源泉が求められている。当該地域における，地域や組織を超えて人間関係や地域に埋め込まれている文化や歴史という要因からイノベーションが生まれることを説明するには，これらの研究では部分的な説明にとどまってしまっているということである。

2.2　産業集積の重要視点

　それでは，企業や人が集積することによりもたらされる効果をどのように考えればよいのだろうか。効果のある状況・環境が整備されれば，産業集積が発生し，機能し，維持・成長されていくと考えてよいのだろうか。

　まず，比較優位が担保されることが必要であろう。それは，生産技術，移動不可能な生産要素，そして制度的要因による生産費用の地域間差異に基づく経済厚生を生み出すものであり，生産費用の低下により当該産業への特化が起こり，この産業特化により関連企業の集積が起こるということである。次に，規

図表│1－1　規模の経済の位置づけ

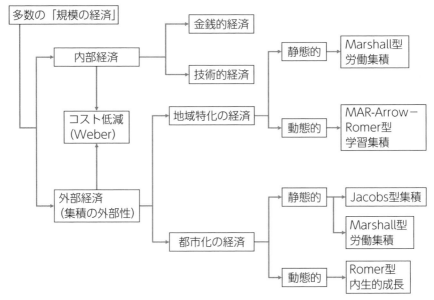

出所：以下に基づき筆者が加筆修正したものである。
　　　The World Bank ed.（2008）pp.126-130および近藤（2015）pp.5‐8。

模の経済が生まれることが重要である。固定費用と可変費用を含んだ平均費用
は，生産量の増大により低下すると考えられるものである。ただし，一定量を
超えると増加へ転じるので，最適生産量が重要となってくる。また，公共財的
な特性が重要となる。非排除性（特定の消費者の購買を排除できない）と非競合
性（消費量や消費アクセスの制限がない）を持つ公共財が，企業や人の集積を促
すことになる。さらには，規模の経済から派生する集積の経済が必要である。
多様な経済主体が空間的に集中することによりもたらされる，外部経済の考え
方が必要となってくる。原料生産活動以外の企業行動に関わる産業では，収穫
逓増の法則が効き，外部経済の増大によって内部経済も拡大すると考えられて
いる。また，Krugman（1991）に基づけば，集積の形成は，①同一産業の多数
企業が1か所に集積すると，産業の中心に特殊技能の労働力市場が形成され，
労働者に利益を提供する。②産業の中心形成により，当該産業に特化した多様
な非貿易財が安価に入手できるようになる。③産業集中により情報伝達が効率

化され，技術波及が促進される。そして，これらにより産業集積が収穫逓増を
生み出すとされているのである。

　このように見てくると，必要条件としては整備されているが，人や文化・歴
史という点での異質交流が明示的に含まれているとは言い難いところがあり，
十分条件が整っているとはみなし難い。これを補うものとしては，ポーターの
クラスター論が一つの説明枠組みとしては適しているといえる。ポーターは，
クラスターとは，特定分野・領域における関連主体（当該企業・組織，専門的供
給業者・サービス業者，関連業界に属する他の企業や研究機関等）が地理的に集積
し，競争しつつ協力し，共通性と補完性によって結びついている状態としてい
る（Porter 1998）。つまり，個人間のつながり，組織間のつながり，そしてそ
れらの社会的ネットワークが有する社会関係資本に着目した広がりの中での地
理的集積を想定しており，それ故に，イノベーションを生み出しやすいとして
いるのである。

　そこで，以下では，上記の視点に注意した上で，国の施策である「まち・ひ
と・しごと創生総合戦略」に基づき，その多様性を確認してみよう。地方創生
の考え方には，ここまでで述べてきたように，そして序章で述べたように経済
的価値だけではなく，社会的価値をも含んだ地域の活性化が想定されているか
らである。

3 ｜ 地域・地方における活性化を考える着眼点

　地域産業の活性化を考える上で，「まち・ひと・しごと」という国の地方創
生視点には多様性が含まれている。まち全体の活性化，居住者つまり生活者の
豊かさ創出と交流人口の増加，そして仕事に示される雇用の創出や働き方の新
提案等である。

　これらには順序関係や重要度差異が存在するのであろうか，そしてそれぞれ
にどこまでの広がりが想定されているのであろうか。これらを考える一例とし
て，ここで3つの題材を考えてみよう。以下は，それぞれの官公庁等にヒアリ
ング調査した際の確認事項である。各ヒアリングは，新潟県燕市については
2019年，兵庫県朝来市については2019年・2020年，佐賀県有田町については

2019年・2020年に自治体代表者や担当官に対して行われている。

3.1　新潟県燕市の金属洋食器・金属ハウスウェアー産業の場合

　江戸時代初期に始まった和釘生産は，燕郷地域が度重なる信濃川の氾濫による水害を受けていたことから，農家の副業として取り入れられ，その後は農閑期の出稼ぎの仕事に代替するものとして発展してきた。江戸の明暦の大火（1657年）の後，燕郷の和釘の多くが江戸に運ばれ，江戸の町の復興に貢献してきた。しかし明治維新後に洋釘が輸入され，洋風化が進む中で衰退していくことになる。一方で，この和釘生産技術は，その後，鍬やすき等の農耕器具，火箸，煙管，矢立等の生活用具，鎚起銅器，そしてスプーン等の金属洋食器や金属ハウスウエアー，さらには磨く技術からiPodケースの鏡面仕上げへと時代とともに適応化を図り，形を変えて現代にまで継承されている。

　この燕市では，「まち・ひと・しごと」の中で，優先的には「しごと」が重要視されている。すなわち，「仕事が生まれる → 働く人が集まる → まちが活性化する → 仕事が生まれる →・・・」の循環が前提とされている。それは，長い歴史の年月の中で金属加工と磨きの技術が，地域に埋め込まれているということである。地域の地場産業としての認識が共有化されており，またモノづくりの技術転用が積極的に進められてきたため，多様な下請け制度や資材供給体制が存在している。また，1971年のニクソン・ショックと呼ばれる円高不況時から，国，地域の地方自治体，地域経済団体，さらには業界組合による支援も進められている。1982年には新潟県が『三条・燕地域地場産業振興ビジョン―製品分野の拡大と多様性を進める地場産業の新展開』とする冊子による提言を行っている。また，三条・燕地域新地場産業集積構想策定協議会をベースに産官学連携が進められ，技術の高度化，人材育成，流通網の整備，そして情報交流など多様かつ多面的な地域の支援体制が整えられているのである（高内1992）。このような「しごと」に対する地域環境が整っていることから，技術の拡がり，高度化，革新が進み，当該地域に技術基盤や分業体制を構築させてきているといえる。

　なお，消費人口については，産業が立地する当該の地元地域ではなく全国そして世界へとグローバルに広がっている。すなわち，需要側は当該地域に拘束

されることなく広範囲に及んでおり，ある程度の市場の大きさを有していることになるだろう。

3.2　兵庫県朝来市の観光産業の場合

　兵庫県の北部に位置し，日本海と瀬戸内海の分水嶺にある朝来市は，2005（平成17）年4月1日に，朝来郡生野町・和田山町・山東町・朝来町が合併し，現在の朝来市となった。朝来市住民基本台帳によれば，令和2年（2020）度9月末時点で人口は29,832人，世帯数は12,306であり，数年にわたって減少傾向にある。産業は，農林畜産業（岩津ネギ，経産牛，酒造），家具製造，金属バネ工業などが挙げられるが，雇用吸引力そして雇用者所得から見て活性化している産業を挙げることが困難な状況である。そのような状況下で，2つの契機から観光産業への関心が大きくなってきている。第1に，天空の城と呼ばれる竹田城への注目である。その入城者数は，2005年度約1万2,000人であったが，2010年から注目されるようになり，2011年度は約10万人，2012年度は約23万人と増大し，2013年度には約50万人という数字をあげた。また，第2に，生野銀山や神子畑選鉱所跡をはじめとする日本の近代化産業遺産が，文化庁により2017（平成29）年度「播但貫く，銀の馬車道 鉱石の道～資源大国日本の記憶をたどる73kmの轍 ～」として日本遺産に指定されたことである。これらにより観光産業への地元期待が大きくなり，地方自治体や地域経済団体などを中心に，観光産業による経済活性化が指向されている。

　この朝来市では，「まち・ひと・しごと」の中で，優先的には「ひと」が重要視されている。それは，都市人口の小規模性によるところが大きい。地方自治体では，産業・企業の誘致を積極的に行ってはいるが，たとえ産業・企業を誘致できたとしても，そこでの働き手である就業人口が周辺に十分に存在していないために，産業・企業は進出をためらってしまう。いわゆる，地方都市が少子高齢化の影響を直接的に受け，生産年齢人口の減少が大きいことによる問題である。つまり，「居住人口や雇用人口の存在がないと，産業の活性化は起こらない」ということになる。なお，朝来市では，産業・企業の誘致を行う際，周辺の他地域からも雇用人口を吸引しやすい立地（県境や市境）を選択して産業団地の造成を行っている。さらには，観光産業に地域活性化を期待するとは

いえ，観光資源の高度化，それを支える人材の確保，観光周辺産業の整備が必要である。交流人口は増えるとしても，通過客にならずに当該地域への滞留を促すための整備も必要である。「顧客が発生すれば，それを目当てのビジネスが生まれ，そこに労働者が移り住んでくる。そしてビジネスが成長し，地域活性化が生まれる。」というパスを成立させることが必要であるが，そのためのインフラ整備・人材整備・観光資源の高度化，そして地域における地場産業という意識醸成には，まだまだ時間がかかるであろう。

　なお，消費人口は，外からの観光客流入に依存するところが大きい。地元消費には，そもそもの人口規模の小ささからは期待できないからである。観光を梃にした交流人口の増加により，仕事が生まれ，人の流入が生じてくることになる。その結果として，まちが活性化するといえる。したがって，ここでいう「ひと」ととは，居住人口と交流人口の両者を含んだものといえよう。

3.3　佐賀県有田町の窯業産業の場合

　有田町は佐賀県の西部に位置し，2020年4月末時点での住民基本台帳によれば，人口は19,686人，世帯数は7,810である。2006年3月1日に旧有田町と旧西有田町が合併し，現在の有田町となった。有田町と有田町観光協会のホームページによると，1616年に朝鮮人陶工李参平らによって泉山に陶石が発見され，日本で初めて陶磁器の製造が行われた。以来，佐賀藩のもとで磁器生産が本格化し，谷あいに「有田千軒」と呼ばれる町並みが形成され，以来有田焼の名前で食器や美術工芸品を中心としたものづくりが行われている。装飾効果が高く，輸出されたヨーロッパで好まれていた。明治時代の1870（明治3）年には，ドイツから化学者を招き，西洋の石炭窯による焼成や染付の藍色を工業的に製造する方法等を学んでいる。大正時代には，工業用製品や碍子の生産に取り組み，昭和時代には，生産規模の大きな瀬戸や美濃の陶磁業との価格競争にさらされ陶磁器生産は規模縮小へ向かった。この中で技能者の一部がこれを機に独立し，陶芸作家を目指していく姿が見られたが，一方で昭和時代から平成時代にかけて和食の比率低下，食事の洋風化，内需不振，海外からの廉価品の輸入等により，苦戦を強いられている。有田焼の売上高は，共販2組合と直販大手2社の合計値である売上高概数（佐賀県産業労働部2018）によると，1991（平成3）年

の249億500万円から2017（平成29）年の38億100万円へと，全盛期の6分の1以下に減少し，現在も減少を続けている。

　このような中で，危機感を持った地元地域では，2016年に迎えた有田焼創業400年を契機として，海外展開と新市場開拓に取り組み始めた。また観光・文化等の他分野と連携し，佐賀ブランドの確立と佐賀県のプレゼンスを上げるために2013年度から2016年度にかけて有田焼創業400年事業「ARITA 17 PROJECT」に取り組んだ。官民をあげたこの事業では，市場開拓（海外市場開拓，新市場開拓，新流通の仕組みづくり），産業基盤の強化（人材集積・育成，技術・デザイン力向上，伝統技術の継承と磨き上げ），そして情報発信（国内外への情報発信，焼き物文化等の発信）の3本柱で事業展開がなされた（佐賀県産業労働部2018）。

　なお，2013（平成25）年度に文化庁から『日本磁器のふるさと 肥前〜百花繚乱のやきもの散歩〜』として日本遺産の認定を受け，観光産業としての活性化もまた指向されている。

　有田町では，「まち・ひと・しごと」の中で，優先的には「しごと」が重要視されている。地場産業として長い歴史を持つとはいえ，燕市は基幹技術を維持しながらも用途展開をしてきたが，有田町は一貫して陶磁器の製造業を中心としてきている。平成27年12月の「有田町まち・ひと・しごと創生総合戦略」によれば，有田町においては窯業土石業が雇用力と稼ぐ力の両方において圧倒的に優位性を持っている。それは窯業という産業がすなわちまちそのものであるといえる。窯業における同族性とでも呼べるような密な地縁関係や，代々続く強い家業認識も存在し，地元の生活と経済活動が一体化しているのである。つまり，単なる経済活動ではなく，芸術や文化そして生活のカテゴリーにまで進化した有田焼の産業特性といってもよいだろう。

　なお，消費人口は，全国市場を対象にする産業であることから，全国・世界に広がる。地元地域は，人口規模から見て現在の消費人口では，需要として大きくは期待できないため，観光産業も検討されており，地域への観光客による交流人口の需要を求める方向に動いている。国内他地域や海外市場に需要が期待できる窯業と，交流人口に期待する観光業と両方の需要が求められているのである。

4 地域経済・地場産業問題への接近 —マーケティング・コミットメント

4.1 地域創生の多面的価値と土着性

　上記の3つの地域において地域活性化に向けて具体的に実行されている「まち・ひと・しごと創生総合戦略」が有する多面性は，以下の3つの特徴を提示してくれるだろう。

　第1に，都市圏においては，余剰の生産労働人口が存在しているが，地方では人口縮減化によって容易に生産労働人口を確保できない。したがって，需要層としてではなく働き手としての人口増加が必要とされることになる。第2に，歴史的に集積する基幹産業が地場産業として地域に埋め込まれてきているかどうか（North 1955）が重要である，ということである。地場産業は，単一企業組織で成立しているのではなく，多くの場合，複数の関連企業組織が存在し，分業体制や下請け体制などの企業間ネットワークが形成されている。すなわち，産業の集積化が見られ，それ故に地場産業化しているといえるのである。それは，長い歴史の中でのまちとしての経済活動（働くこと，事業を営むこと，取引を行うこと）であり，さらにはまちの生活活動と呼ぶことができるまでに地域拘泥性があるということである。生活そのものが地場産業化していると言えるのである。そして第3に，製造業の集積と，商業の集積では，サプライ側の労働人口とデマンド側の消費人口という二面対応において，差異が存在するということである。製造業の集積では，基本的には働き手としての居住人口が必要である。それが地域に内在化しているのであれば，「しごと」の必要性が優先的に重んじられることになる。一方で商業の集積では，働き手も必要ではあるが，交流人口が存在しないと商業自体が成り立たない。つまり観光等による流入人口・交流人口が不可欠になっていく。「ひと」に着目するとしても，その意味合いが異なることに注意しなければならない。

　以上から，地方創生そして地域創生を考える上で，「まち・ひと・しごと」という3つの視点において各地域における地場産業の歴史，地場産業の地元へ

の関与度・浸透度・依存度，地域の人口動態，地域生活者の存在，地域の経済規模等の諸事情により重点化すべきものが変わってくると言えよう。つまり地方創生の問題は経済事項だけにとどまらずに，広範囲に及ぶものなのである。それは，地方においては，生活そのものが経済活動であるということでもある。地域の人々の暮らしを守ることには，経済活動だけではなく，社会活動，生活活動，教育活動など多面的な側面が含まれており，それらの優先順位やその時々の重要度を考慮して，多様性をもって地域の活性化は進められねばならないのである。そして，それ故に，その創生への途には，多様な経路が存在するとも言えるだろう。

4.2　マーケティング視点からの地域創生

　既に述べたように，本研究では，都市や地域という空間的な領域に拘るのではなく，当該の活性化における固有の資源，それも地域活性化に資する様々な地域資源に着目し，当該地域の経済，地場産業，歴史・文化，伝統行事やイベントなどを捕捉できるような，ある一定の関係性エリアとして「地域」を捉えている。また，「創生」の在り方については，地域活性化には「まち・ひと・しごと」における多様性の下で，その地域固有の供給のグローバル効果や需要のローカル効果により新しい価値創出を目指したものである。

　従って，地域創生という視点からは，閉じたものではなく常に開いた地域システムであることが重要となる。従来は，技術ベースの供給と都市部の大量需要の乖離が大きな制約となり，消費地への近接性が求められ，都市部周辺への供給立地やアンテナショップ・催事等による消費地対応が見られた（西村2015）。しかし，今やIT・ICTの進展や物流の高度化により当該地域をプラットフォームにして，供給も需要も動態的に交わることが求められるようになってきている。

　そこには，マーケティング視点からみた集積と地域創生という発想が必然であると考えられる。マーケティングは，基本的には生産と消費のマッチングである。それは，もちろん需要と供給の適合・相互作用による新価値創出である。この需給マッチングから生み出される新価値が，対象となる顧客ニーズ，それも経済性だけではない顧客ニーズ，地域住民の満足，そして地域交流人口の満

足度向上に繋がることが必要である。そこには，地産地消，中小企業のサステ
ナビリティ（Piore＆Sabel 1984），SDGs，ESG投資，所有権ではなく使用権重視，
モノ消費からコト消費へのシフト，そしてグローバルとローカルの複眼適応等
多様な価値創出が求められている。さらには多様な資源を，多様な方法で提供
することにより，多様なニーズを充足することが求められている。地域創生に
おいては，多様で異質な生産物・サービスを仕分け（Sorting out），集積し
（Accumulation），配分し（Allocation），そして取り揃え（Assorting）ていく視
点が必要である。この過程を経て，ユーザーにとって無意味であった生産物が，
意味のある生産物の塊となって市場に受け入れられるのである。これは，多様
な地域資源を，現在の明確なターゲットを改めて設定した上で，そのターゲッ
トに適合する地域資源の塊へ地域資源を編集しなおすことなのである。さらに
は，IT・ICTの進展や物流の高度化によって，ワン・ツー・ワンマーケティン
グを基盤にしてマス・カスタマイゼーションへ至る可能性も考えられる。需要
と供給のマッチングというマーケティング視点から地域活性化を考えてみるこ
とが，結果としてグローバルにもローカルにも，供給の交流と需要の交流を生
み出し，それらがマッチングされることにより企業・産業の活性化に繋がって
いくのである。従来の産業組織の在り方では，金銭価値・経済性が主に求めら
れてきたが，そこに留まらずに地域需要の満足と結びつかなければ地域活性化
は継続できない。今やローカルとグローバルの両視点からの需給マッチング，
つまり多様な地域資源と多様な顧客のマッチングを実現するマーケティング視
点が不可欠なのである。

5 ┃ 今後の研究動向と課題

　本章では，地域創生に対するマーケティングの視点を考えてきた。最後に，
今後の産業集積による地域活性化において考えられる方向性と残された課題に
ついて言及しておこう。
　先ず，今後の方向性についてである。産業の集積から生まれる強みを従来の
産業集積論では，①比較優位，②規模の経済，③地域特化による集積の経済，
④公共財化，そして⑤都市化による集積の経済に求めてきた。しかし，多様な

供給側と多様な需要側を想定すると，これからの地域活性化において付加価値創出を実現していくためには，後者の公共財化と都市化による集積の経済に着目すべきである。ここで言う公共財化とは，地域における経済活動はすなわち地域の生活活動と同じ意味を持ってくることになり，それは地域のインフラストラクチャーと同等である。地域公共財化すれば，経済活性化とまちづくりが相反する様な方向性には至らず，経済諸活動と地域の文化・歴史等が融合できる方向性を見出す可能性は十分にあると考えられる。そしてそこには経済的成長だけではなく適正規模での持続可能性という目標を設定することができるだろう。

　次に，集積の経済における都市化の経済の追求である。集積の経済の源泉は，共有・分業，マッチング，そして学習の3つ（Duranton & Puga 2004）とされている。これら3つの実現の容易性においては，都市の経済の考え方に優位性があると言える。それは「市場での資源蓄積」（伊丹ほか 1998）において，都市という異質な広がりを有する地域に優位性があるからであり，範囲の経済を実現しやすいからである。それは空間的に限定された都市である必要はなく，多様な人材・情報・技術が，多様な形式で，多様な人々の間で交流するまちというプラットフォームであればよいということである。それが更にはオープンなシステムになれば，更なる広がりを獲得することができるであろう。

　残された課題は多いが，以下に集約しておこう。需給マッチングという視点からは，定住人口の雇用効果と需要効果の区分，さらには需要効果については，交流人口の検討が必要である。それは，製造業の集積とサービス業・流通・商業の集積を比較すると，人口の扱いと業種・業態の扱いにおける違いが存在するかである。まちの外部性，リンケージ組織の存在，ネットワーク編成の検討等が必要となってくるであろう。

◆　**参考文献**

Duranton G.&D.Puga（2004）"Micro-foundations of urban agglomeration economies," in J. V. Henderson & J. F. Thisse（ed.），*Handbook of Regional and Urban Economics*, edition 1, volume 4, chapter 48, pp.2063-2117.

Jacobs J.（1969）*The Economy of Cities*, Vintage Press.

Jacobs J.（1984）*CITIES AND THE WEALTH OF NATIONS　Principles of Economic Life*, The Random House Publishing Groupe.（中村達也訳（2012）『発展する地域　衰退する地域　地域が自立するための経済学』筑摩書房）

Krugman P.（1991）"Increasing Returns and Economic Geography," *Journal of Political Economy*, 99（3）, pp.483-499.

Marshall A.（1890）*PRINCIPLES OF ECONOMICS*, London, Macmillan and Co..（馬場啓之助訳（1966）『マーシャル経済学原理Ⅱ』東洋経済新報社）

Marshall A.（1923）*Industry and trade : A Study of Industrial Technique and Business Organization; And of Their Influences on the Conditions of Various Classes and Nations*（Fourth ed.）, London, Macmillan and Co..（水越越郎訳（1986）『産業と商業2』岩波ブックセンター）

North D.（1955）"Location Theory and Regional Growth," *Journal of Political Economy*, 63（3）, pp. 243-258.

Piore M.J.&Charles F. Sabel（1984）*The Second Industrial Divide: Possibilities For Prosperity*, Basic Books; Reprint edition.（山之内靖・永易浩一・菅山あつみ訳（2016）『第二の産業分水嶺』筑摩書房）

Porter M.E.（1998）*On Competition* Harvard Business School Press.（竹内弘高訳（2018）『競争戦略論Ⅱ』ダイヤモンド社）

The World Bank ed.（2008）*World Development Report : Reshaping Economic Geography 2009*, The World Bank, Washington, DC.

Weber A.（1909）*Über den Standort der Industrien*, Tübingen.（篠原泰三訳（1986）『工業立地論』大明堂）

五十嵐恒夫（2011）「地域における産業集積の変化―佐賀県鳥栖市の事例をもとに」『横浜国際社会科学研究』15-5，pp.47-72。

伊丹敬之・松島茂・橘川武郎編（1998）『産業集積の本質―柔軟な分業・集積の条件』有斐閣。

伊丹敬之（2005）『場の論理とマネジメント』東洋経済新報社。

小林伸生（2009）「地域産業集積をめぐる研究の系譜」『経済学論究』63-3，pp.399-423。

近藤章夫（2015）『都市空間と産業集積の経済地理分析』㈱日本評論社。

髙内小百合（1992）「円高をしのいだ燕・三条」森野美穂編（1992）『〔21世紀の地方自治戦略　第5巻〕地域の産業振興』）㈱ぎょうせい，pp.175-185。

西村順二（2015）「地域産業における産業集積の特徴と課題：消費地近接性の有効化

について」『甲南経営研究』56（3），pp. 53-85。

西村順二（2021）『マーケティングとSNSのミカタ─地方創生への処方箋』㈱中央経済社。

松原 宏（1999）「集積論の系譜と「新産業集積」」『東京大学人文地理学研究』13，pp.83-110。

山本健兒（2005）『産業集積の経済地理学』（財）法政大学出版局。

内閣府政策担当官編（2003）『地域の経済2003─成長を創る産業集積の力─』内閣府
（https://www5.cao.go.jp/j-j/cr/cr03/pdf/chr03_01-03.pdf）

内閣府経済財政分析担当（2012）『地域の経済2012─集積を活かした地域づくり─』内閣府。
（https://www5.cao.o.jp/j--j/cr/cr12/chr120302.html）

第 2 章

持続可能なまちづくりに求められる観光産業

林　優子

　本章では，地域活性化から地域創生に向けた持続可能なまちづくりに求められる観光産業のあり方に注目をした。

　観光産業は，様々な業種・業態が広く関連したものであることから，観光地化によりもたらされる事業によって，地域経済，地域環境そして地域社会にプラスの変化が生まれ，訪れてよしのまちを作り出すことにつながるであろうことが期待されている。そのような観光産業をマネジメントする組織として，海外ではDMO（Destination Management/Marketing Organization：観光地域づくり法人）が機能し，地域と協力しながら観光地域をつくり出している。

　そこで本章では，日本版DMOへの期待に注目し，考察していく。

1 ｜ 地域創生とまちづくり

1.1　地域創生におけるまちづくり

　人口減少の進行と少子高齢社会の到来による社会構造の変化や都市のあり方が問われている。これまで地域活性化施策においては，「地域再生法」「都市再生特別措置法」そして「中心市街地活性化法」によって各市町村による取り組

みを後押ししてきたが，人口減少に歯止めがかかることはなく，地方から首都圏への流入・東京一極集中を止めることもできない状況が続いている。そのため都市の人口拡大モードおよび日本の人口減少モードによって諸施策は新たな局面に直面している。

　国をあげて人口減少に歯止めをかけ，地方創生を目指すために，政府は「まち・ひと・しごと創生法」（2014年制定）に基づき，都道府県ならびに各市町村においても自らの計画と責任において「まち・ひと・しごと創生総合戦略」（以下，総合戦略）を策定し，取り組むことを強く求めた。この「総合戦略」は，2015年度から2019年度の5か年を第1期，2020年度から2024年度を第2期として，第1期で基本的な目標や施策の方向性を策定・実行し，第2期でそれらの効果検証を行い，継続して取り組むべき施策をまとめて実施していくというものである。

　この国ならびに都道府県・市町村が一体的に取り組む，持続可能な地域づくりの柱として注目されたのが「観光」であった。わが国においても，昨今のいわゆるインバウンド需要，特に経済成長の著しいアジア圏からの訪日外国人観光客数の伸びによって日本経済が大きく牽引されてきていたことから，観光における人の移動や交流によってもたらされる経済効果に期待してのものである。

　国内各地でのこの「観光」に対する積極的な取り組みは，「中心市街地」への様々な施策の中でも大きく展開されてきた。「中心市街地活性化基本計画の認定」（148市2町で250計画（令和2年10月時点））を受けたり，「地域のチャレンジ100」（平成29年）においては中心市街地を主としながらも地域全般にわたって「空き店舗・古民家等を活用した起業・移住促進による稼げるまちづくり」「観光需要を取り込む稼げるまちづくり」「伝統的な街並みを活かした集客拡大による稼げるまちづくり」と何らかの仕掛けを作り出すことで活性化を目指す取り組みが行われている。

1.2　まちづくりと観光産業

　まちづくりにおいての観光産業の果たす役割とは何かを考えてみたい。総務省の日本標準産業分類において「観光産業」という分類は存在しないが，宿泊業，鉄道業，航空運輸業，旅行業という分類が，いわゆる「観光関連産業」と

して位置づけられ，観光客の観光消費によって潤う産業である（高橋 2017，p.14）。

　かつて観光といえば，マス・ツーリズムといわれた団体観光が主流だったが，現在は，個々の消費者の嗜好の変化により，「従来の物見遊山的観光旅行に対して，テーマ性が強く，体験型・交流型の要素を取り入れた商品・サービス事業」（岡本 2013，p.138）として，例えば，エコツーリズム，グリーンツーリズム，ヘルスツーリズムなどのニューツーリズム，あるいは，「地域住民が主体となって観光資源を発掘，プログラム化し，旅行商品としてマーケットへ発信・集客をおこなう観光事業への一連の取り組み」（尾家・金井 2009，p.7）として，地域が企画する着地型観光が注目されるようになっている。その契機となったのが，2007年「旅行業法改正」とともに，観光による地域活性化の目的のもと各地に道の駅，観光協会，旅館組合，第3セクターなどの着地型観光組織が設立されたこと，さらに地域滞在観光を目指す観光圏整備事業である（近藤 2018）。このような動きは，経営的に持続可能な着地型観光組織を目指して，各地域で地域ブランド商品等の内発的な商品開発，埋もれた地域資源の発掘等の取り組みの活発化をもたらしたのであった。

　地域において，地域商品，観光商品の発掘や開発が，地域の民間企業や行政機関，さらには地域住民を巻き込んで行われているという意味では，地域づくりという観点で行われており，地域活性化の大きな契機となると考えられる。

　一方，まちづくりとは何かを考えると，石原と西村は，この言葉が多義的なのは，それが我々の生活や暮らしの全般に関わっているからだと指摘し，まちづくりの要素として「地域経済」「地域環境」「地域社会」の3つを取り上げている（石原・西村編 2010，p.13）。これらは互いに関係し合い，支え合って，我々の暮らしのあり方に影響をもたらしているという。自然環境，都市インフラ施設，町並みや景観など生活・暮らしを豊かにする上で欠くことのできない「地域環境」，より豊かな生活を営むための生産・流通，それらうまく循環させるための経済活動である「地域経済」，そして地域の人々の交流，伝統的な祭りやイベントなど人生の生きがいなどにきわめて重要な役割を果たす「地域社会」が密接に関係しているという（石原・西村編 2010，pp.13-15）。

　昨今の少子高齢社会と国全体としての人口減少社会の到来によって，まちづ

図表│2－1　まちづくり要素の三角形

出所：石原・西村編（2010）p.14

くりの3つの要素が機能しない状況となっている。そこに地域の主体性とならんで，観光，地域社会，環境および来訪者が，バランスをとって相互の関係を維持していくことの重要性，つまり観光と地域の調和および持続可能性が，観光まちづくりの要諦とされた（西村 2002）。ただ，あくまでも観光はまちづくりの一つの手段に過ぎず，地域住民が豊かに暮らすことがまちづくりの第一義である（西村 2002）。

　「観光による地方創生」を推進するため，観光地域振興の推進主体となるDMO（Destination Management/Marketing Organization：観光地域づくり法人）の形成とその確立を支援する施策がスタートしている。これは観光地域経営と観光地マーケティングの2つの役割を担う組織である。

　そこで，本章では，日本版DMOから考える観光まちづくり，地域創生とは何かについて検討していく。

2 ┃ 地域が抱える問題

2.1　人口減少に見る社会構造の変化

　わが国は，人口減少とともに少子高齢社会を迎え，社会経済環境は大きな変化の時代に入っている。**図表2－2**は，総務省「令和2年版高齢社会白書」をもとに，人口減少と高齢化の推移を表したものである。

　わが国の人口は，2010年に1億2,806万人をピークに，それ以降減少に転じ，歯止めがかからない状況となっている。ただ，この総人口がピークを迎える以前から，年齢別出生数の状況は変化の様相を示していた。それは，内閣府の

図表│2－2　高齢化の推移と将来推計

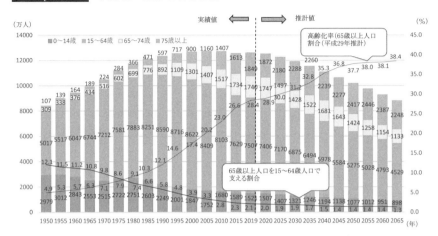

資料：棒グラフと高齢化率については，2015年までは総務省「国勢調査」，2019年は総務省「人口推計」（令和元年10月１日確定値），2020年以降は国立社会保障・人口問題研究所「日本の将来推計人口（平成29年推計）」の出生中位・死亡中位仮定による推計結果。
（注１）　2019年以降の年齢階級別人口は，総務省統計局「平成27年国勢調査　年齢・国籍不詳をあん分した人口（参考表）」による年齢不詳をあん分した人口に基づいて算出されていることから，年齢不詳は存在しない。なお，1950年〜2015年の高齢化率の算出には分母から年齢不詳を除いている。ただし，1950年及び1955年において割合を算出する際には，（注２）における沖縄県の一部の人口を不詳には含めないものとする。
（注２）　沖縄県の昭和25（1950）年70歳以上の外国人136人（男55人，女81人）及び昭和30（1955）年70歳以上23,328人（男8,090人，女15,238人）は65〜74歳，75歳以上の人口から除き，不詳に含めている。
（注３）　将来人口推計とは，基準時点までに得られた人口学的データに基づき，それまでの傾向，趨勢を将来に向けて投影するものである。基準時点以降の構造的な変化等により，推計以降に得られる実績や新たな将来推計との間には乖離が生じうるものであり，将来推計人口はこのような実績等を踏まえて定期的に見直すこととしている。
出所：内閣府「令和２年度版高齢社会白書」をもとに筆者作成。
https://www8.cao.go.jp/kourei/whitepaper/w-2020/html/zenbun/s1_1_1.html

「平成16年版少子化社会白書」でまとめられていたことからもわかる。1970年代前半頃までは20代後半から30代の未婚率は問題になるほどの高さではなかったが，70年代半ば頃から未婚率の上昇が顕著になってきて，出生率低下の原因と未婚化の進展との関連性が指摘されるようになってきた。この未婚率の上昇とそれに伴う晩婚化の進展によって，合計特殊出生率の低下を招き「０〜14歳」のいわゆる年少人口の減少をもたらす一方で，「65歳以上」の老年人口の増加へとつながっていった。

　この人口構造の変化は，人口減少とともに少子高齢化の時代への流れをつくっていったのであった。人口減少と少子高齢社会の到来は，都市や地域の経済基盤の弱体化を招くとともに，その都市や地域の縮小や消滅を導きかねない状況となっている。このことは，2014年5月に，日本創生会議・人口減少問題検討分科会によって，2040年までに全国で約1,800の市町村のうち約半数が消滅する可能性があることが発表された（通称，「増田レポート」）ことでも確認ができるであろう。2040年までに「20～39歳」の女性数が半減する市区町村を「消滅可能性都市」とし，約1,800市区町村の約半分がそれに該当し，全体の約3分の1にあたる市区町村の人口が1万人を切るという危機的な状況になるというものであった。

　人口減少と少子高齢社会の到来によって，都市や地域の経済基盤の弱体化の進行は，その都市や地域の縮小や消滅をもたらすことになることは確認されたが，この人口減少といった自然増減だけが都市や地域に多大な問題をもたらすものではない。それは，1960年代の高度経済成長期以降において，地方都市とりわけ農山漁村地域から大都市圏への人口流出という人口の社会増減によって，地域社会の崩壊，地場産業の衰退による地域経済の弱体化がもたらされ，地方都市においての過疎化の進行が見られた。また，都市地域においても近代化に向けて大規模な開発計画が進められた結果，伝統的ないしは歴史的な景観や町並みが崩壊されるなど，地域環境の保全と開発の対立が大きな問題となる都市も出てきた。

2.2　地域が抱える問題 ―中心市街地の問題

　人口問題とともに地域に大きく影響を及ぼしたのが，1970年代以降の大規模商業施設の都市郊外部への急速な出店展開と，コンビニエンス・ストアなどの新しい小売業態の展開による消費者のライフスタイルの変化，モータリゼーションの進展による生活スタイルの変化であった。郊外部での生活環境が充実していくことで，都市自体は拡大・発展の様相を呈していたが，その内実は中心市街地から居住の場がなくなり，既存の商店街等の衰退を招き，空洞化という問題を生じさせた。

　このような問題が中心市街地の再開発問題や商店街活性化問題へ，そしてま

ちづくり政策へとつながっていったのである。中心市街地は，これまで「まちの顔」として住民の生活や地域経済に重要な役割を担ってきたが，居住者の減少，商店街の空き店舗増加で，シャッター通り化とまで揶揄された。政府は，1998年に「中心市街地活性化法」「改正都市計画法」，そして2000年に「大規模小売店舗立地法」を「まちづくり3法」として制定した。これは従来の土地利用に関して用途規制を行い，市街地の整備と商業活性化を一体で行うとともに，店舗の周辺環境の保全によって大型店舗の出店を規制していくことを目的としていた。

　しかし，このまちづくり3法は，中心市街地の再生や活性化の実現には結びついていないのが実情であった。そこで2014年に「中心市街地活性化法」の再見直しを行い，「都市再生特別措置法」（国土交通省管轄）の改正に取り組んだ。これは，各自治体が医療施設，福祉施設，商業施設やその他の「都市機能増進施設」を誘導すべき区域として「都市機能誘導区域」を設定することで，当該施設の誘導において支援を行っていこうとするものである。これによって，いわゆるコンパクトなまちづくりへの政策転換が始まり，地域社会や地域生活，そして地域経済の基盤を整えようとする動きになっていった。

3 ｜ 地域活性化を目指す地域創生

3.1　観光産業

　図表2-3は，日本政府環境局（JNTO）が1964年東京オリンピック開催時より実施している訪日外国人旅行者（訪日外客数）（インバウンド）の集計を示したものである。2019年の訪日外客数は3,188万人を超え最も多くなっている。また，この訪日外国人旅行消費額も4兆8,135億円（観光庁2019年）に上っている。政府は，2030年には訪日外客数6,000万人という目標を立て，「観光先進国」の実現を目指している。これはあくまでも訪日外国人を対象としたものであるが，この「観光」によって次の4つの効果がもたらされると考えられている（十代田 2018，p.10）。まず，交流人口，つまり他の地域から来訪した人々の消費活動を盛んにし，経済を活性化させることができること，2つ目には，都市

図表｜2-3　訪日外客数の推移（1964年〜2019年確定値）

(千人)

出所：日本政府観光局（JNTO）「日本の観光統計データ」より筆者作成。
https://statistics.jnto.go.jp/graph/#graph--inbound--travelers--transition

間競争力を強化でき，都市の魅力やイメージを向上させることにつながること，3つ目に，国内外の創造的人材に知的産業基盤として快適環境を提供し，科学・技術，芸術・文化産業などの分野で新たな産業を育てることに貢献すること，そして4つ目に，幅広い経済波及効果のある観光産業を育て，各種産業の活性化，さらには産業構造の転換を可能にすること，である。

3.2　地方創生・地域創生における「観光」の果たす役割

　政府による第1期「総合戦略」において注目された「観光」は，「交流人口」をもたらす大きな手段となりえると期待されていた。この「交流」には，「ヒトが動くことにより，モノが動き，ココロが動くといった全体的な関係を作り出すこと」（小川 1990）が期待されており，短期的な「観光」として捉えられていた（小田切 2018））。しかし，昨今，観光でも定住でもない地域外の人々との多様なつながり方を考える「関係人口」という考え方が注目」されるようになった（総務省）。政府の第2期「総合戦略」の中にも，「交流人口」から「関係人口」を作っていこうという流れ，観光でも定住でもない地域の新たな戦略が組み込まれている。「人口減少が進む地域をいかに活性化させるか」という国の政策，すなわち「地方創生」においては，観光振興による「交流人口」の拡大と生活環境の整備やシティプロモーションなどによる「定住人口」の獲得

が中心的な施策になっているが，第2期「総合戦略」では，「関係人口」について「特定の地域に継続的に多様な形で関わる者」であると定義し，この「関係人口」によって，「地方とのつながりを築き，地方への新しいひとの流れをつくること」を目標に置いている。この関係人口の創出・拡大が，その地域に対しての「継続的な関心や交流を通じ，様々な形で地域を支える人々を受け入れること」による「地域を支える担い手の確保そのもの」であり，「関係人口の創出・拡大に向けて，関係人口になるきっかけづくり・土壌づくりと，受入地域における取組の両面から進める」こととされている。

　この関係人口はつまり地域に関わる人口であり，それは「自分のお気に入りの地域に週末ごとに通ってくれたり，頻繁に通わなくても何らかの形でその地域を応援してくれるような人たち」（指出 2016）であり，「関心」という意識と「関与」という行動の両者に関係するものと考えられている（小田切 2018）。地域への関心が高まることで，そこでの特産品の購入であったり，近年ではふるさと納税であったり，あるいは頻繁にその地を訪問したりと，関与の行動の度合いが高まっていく。これらの関わり度合いが強くなればなるほど，最終的には移住にもつながっていく（小田切 2018，pp.15-16）。このような地域への関わりのきっかけが「観光」であり，そこで「交流」が生まれ，「関係」をつくり出していく。従来の単なる「観光地」「観光開発」といった短期的な観光振興ではなく，地域との長期的な「関係」づくりを創出する「観光地づくり」「観光地経営」の必要性が問われている。

4 ｜ 持続可能なまちづくりに向けて

4.1　観光地経営の概念

　まずは，観光地経営の概念について時系列で整理をしていくことにする。1960年代の高度経済成長期の観光地は，大手電鉄資本による「観光開発」が主流であった（菅野ほか 2018）。1970年代になると，快適な環境づくり，住みよいまちづくり，観光地としてのまちづくりといった「観光地づくり」という考え方が登場してくる。1980年代になると，70年代の観光産業が肥大化したこと

により住民の生活論理を損なったことから「住んでよい町」が「訪れてよい町」であることが原則となり，住民自らによる地域の主体性の確立，社会的・文化的自立を高めていく動きが活発化していく（菅野ほか 2018）。単体の施設整備から観光地づくりへと発想が変化し，「まちづくり（型）観光」というものが出てくる。鈴木（1985）は，この点を鑑み「観光はまちづくりの総仕上げ」とまで言っている（鈴木1985，pp. 2 - 7 ）。

　そして1990年代になるとオルタナティブ・ツーリズムの動きが登場してくる。このオルタナティブ・ツーリズムとは，「現在とは異なる価値観を持つ」旅行という意とされる（十代田 2018）。従来の観光の形としてよくいわれるのが「マス・ツーリズム」であり，これは有名観光地へ赴きそこで「非日常的な感覚」を経験できるものである一方，「オルタナティブ・ツーリズム」は地方都市のこれまで観光地としては見向きもされなかったような地へ，旅行者が個々人の興味や嗜好に基づいて訪れ，そこで体験や交流を行うものであるといえる。これまでの観光とは全く異なった価値観でその地域の魅力を体感できるものであると考えられる。

　図表 2 － 4 は，マス・ツーリズムとオルタナティブ・ツーリズムの観光スタイルの特性比較を示したものである。オルタナティブ・ツーリズムは，各地域が地域独自の資源の発掘に取り組み，それらを活かした観光振興に力を入れるといった，新たな観光商品・サービスの供給側のシーズと需要する消費者ニーズとの相互作用の中で展開されている。

　このような新しい観光は，これまでの旅行業者主体による観光資源開発ではなく，地元住民の参画や協力の上で発掘されるものである。住民が主体となって地域の魅力を発掘するためのワークショップを開催したり，町歩きを行ったりすることで，住民自身による新たな観光資源の顕在化の機会をつくり出している。住民自身の参画による観光まちづくりと考えてよいであろう。住民自らが地域を知るということである。

　以上のような流れを受けて，2008年に観光庁が創設され，観光と地域振興との積極的な関連づけの高まりが沸き起こり，わが国の観光振興施策の基軸として，「観光地域づくり」や「観光まちづくり」が議論されていくことになった。そこでは，観光が個別の施設単位のものから地域（エリア）単位となり，観光

図表│2－4　観光スタイルの特性比較

	マス・ツーリズム	オルタナティヴ・ツーリズム	
		タウン・ツーリズム	グリーン・ツーリズム
主な目的	<刺激の享受> 好奇心，発見，飲食，買物などの'刺激・緊張' →比較的単一	<自己実現> 交流，学習，芸術・文化などの'体験・ふれあい' →多様，複合的	
対象地域	大都市，有名観光地	地方都市	田舎，中山間地域
資源価値	◎	△	△
住民との関わり	少ない	目的にもなるほど期待は高い	
生活圏との関連	非日常的	異日常的	
具体的な活動イメージ	○美しいものに感動する ○地球，日本を確認する ○美味しいもの，珍しいものを求める ○未知なものに触れる	○知識や教養を深める ○現地の人や生活に触れる ○新しい友だちを求める ○予期せぬ出来事を求める	○保養，休養 ○家族の親睦を深める ○田舎生活，農業体験等を楽しむ ○趣味の技術を高める

出所：日本交通会社編（2004年）『観光読本【第2版】』東洋経済新報社。

事業者に加えて，住民を含む多様な関係者との連携・調整が必要となり，観光振興施策が多岐にわたっていくようになる。

　しかしながら，単発では効果的，魅力的な事業が展開できても，他の事業との連携が取れなかったり，資金的な都合によって単年度で終了するなど，観光振興効果を得るには至らないケースの顕在化が見られ，各事業の継続性の問題も浮上してくるようになった。

　そこで，「観光地経営」とは何かといったことが改めて検討されるようになった。日本交通公社（2013）によれば，それは「観光地の継続的な発展を目的として，一定のビジョンに基づいて観光地を構成する様々な経営資源と推進主体をマネジメントするための一連の組織的活動」（公益財団法人日本交通公社2013）である。そこでは，第1期総合戦略で重視された「稼ぐこと」にも焦点が当てられ，観光地経営は「地域の『稼ぐ力』を引き出すともに，地域への誇りと愛着を造成する」ものであり，同時に「観光地経営」の視点に立った観光地域づくりであるとされた。こうして経済面，収益面を意識した考え方として

日本版DMOの導入へとつながっていくのである。

4.2　観光まちづくり

　上述のように，地域社会の中における地域住民と観光との関係が変化していったのである。地域の観光に対する旅行業的な視点からのアプローチではなく，地域社会の中に入り込んでいく関係に注目したアプローチ，それが観光まちづくりではないだろうか。

　これまで観光業に関わりのなかった地域の住民もまちづくりとして観光地づくりに参画するようになり，観光と住民の新しい関係が生まれる観光まちづくりの時代に入っている。そのことが，地域における観光振興と観光開発のあり方の見直しや地域の側から観光のあり方を考えようとする動きへと変化を誘発している。

　このような意味において，観光まちづくりは，①地域の行政・企業・住民等が相互にネットワークを形成しつつ，主体的，内発的に観光を軸にしたまちづくりを図っていく，②地域の歴史・文化・産業・生活等が持つ固有の資源を発掘し磨き上げて観光の魅力を創出する，③必要な資金やノウハウを外部の資本に依存して大規模な開発をするのではなく，既存の施設や文化遺産等を活用して自然・社会の環境許容量に適合した規模の事業を目指す，④想定される観光客は，一過性の消費のための観光をするのではなく，一定時間滞在し，地域の人々と交流して理解を深め，再訪してくれるような人々である，⑤観光を軸にまちづくりを進めることが，外部からの共感や評価を高め，地域住民のアイデンティティの形成や文化創造に寄与するものであるといえる（堀野 2016，P68）。

　さらに観光まちづくりとは，「地域が主体となって，自然，文化，歴史，産業，人材など，地域のあらゆる資源を生かすことによって，交流を振興し，活力あるまちを実現するための活動」（観光まちづくり研究会編 2002，p.27）であるといえる。つまり，観光まちづくりでは，観光はまちづくりの結果の一つの表れであり，まちづくりの仕上げのプロセスを意味している（観光まちづくり研究会編 2002，p.21）。「最終的なねらいが生きがいのある拠点をつくる」ことにあり「観光はそのための重要な手段ではあるが，目的ではない」（観光まちづくり研究会編 2002，p.31）。

図表 | 2-5　観光振興による地域へのインパクト

	プラス効果	マイナス効果
1．経済的効果	観光収入の増加，雇用の創出	地価や物価の高騰
2．物理的効果	施設の建設，インフラ整備	環境への負荷・混雑
3．社会的効果	コミュニティの絆の強化	貪欲さの浸透，都市化の加速
4．心理的効果	住民意識の向上，プライドの醸成	ホスト地域に関する保守姿勢 来訪者に対する敵対心
5．文化的効果	異文化交流による新発想の創出 地域の伝統と価値観の強化	個々の活動の商業化
6．政治的効果	国際的認知度の向上 地域の政治的価値観の伝達	政治的野心の価値の優先

出所：大社・事業構想大学院大学編（2018）p.23，図1-8を参照。

　その一方で，観光の負の影響も出てきている。「ツーリズム・インパクト」といわれるもので，これまでは全く観光地とは無関係であった地域，つまり，元は住民の生活空間だった場所が新たな観光地となることで，観光客が増え，生活の中に入ってこられたり，その地域にあった文化が荒らされたり，また，異文化への危惧，環境や治安悪化への不安なども生じてくることで，観光客とそこで生活する地元住民との間に摩擦が増えることをいう。大量の観光客が押し寄せることによる自然環境の破壊，交通渋滞の発生など，地域や住民に与える負の影響を解決するために，観光が住民の信頼を得ることが不可欠となる。

　オルタナティブ・ツーリズムは，そのような意味でいえば，サスティナブル・ツーリズムといわれ，マス・ツーリズムに比べ自然や文化への負の影響は少ないと考えられているが，従来型の観光開発に比べて少ないとしても，伝統的文化や産業，人々の交流を観光資源としているため，地域社会や生活への侵入度はより強いと考えられる。

　以上のようなプラスとマイナスのインパクトをつくり出し，さらには解決するために，観光地経営の主な担い手としてのDMOの存在が重要視されるようになってきたのである。

5 ｜日本版DMO

5.1　DMO組織とは

　DMOとは，観光庁による定義を紹介すると，「地域の『稼ぐ力』を引き出すとともに地域への誇りと愛着を醸成する「観光地経営」の視点に立った観光地域づくりの舵取り役として，多様な関係者と協同しながら，明確なコンセプトに基づいた観光地域づくりを実現するための戦略を策定するとともに，戦略を着実に実施するための調整機能を備えた法人」（観光庁 2015）である。つまり，「観光地経営」に立脚した「観光地域づくり法人」である。

　海外ではDMOによる観光地域づくりで，すでに観光客の集客に成果が出始めている。わが国においても「観光地経営」に立脚した「観光地域づくり法人」をつくり出していくということは，観光政策の中で「観光産業の革新や国際競争力の向上に資する政策の一つとして」位置づけられている（菅野ほか 2018）。そのことが「世界水準のDMO」の組織形成という目標を掲げる所以である（明日の日本を支える観光ビジョン構想会議 2016）。

　DMOの基礎的な役割と機能は，１つ目に，観光地域づくり法人を中心として観光地域づくりを行うことについての多様な関係者の合意形成を行うこと，２つ目に，各種データ等の継続的な収集・分析，データに基づく明確なコンセプトに基づいた戦略（ブランディング）の策定，KPIの設定・PDCAサイクルの確立を行うこと，そして３つ目に，関係者が実施する観光関連事業と戦略の整合性に関する調整・仕組みづくり，プロモーションである（観光庁）。さらに地域の官民の関係者と効果的な役割分担をした上で，着地型旅行商品の造成・販売等，地域の実情に応じて，観光地域づくり法人が観光地域づくりの一主体として個別事業を実施することもある。つまり，地域の関係者が主体的に参画した体制を構築するための中心的な組織である。

　この日本版DMOには，観光地域づくり法人としてすでに登録している「登録DMO」，またその候補になり得る法人（以下「候補DMO」）として登録したものがある。登録を行った法人およびこれと連携して事業を行う関係団体に対

して，関係省庁が連携して支援を行うことで，各地における観光地域づくり法人の形成・確立を強力に支援していく。またこの登録制度を導入した目的は，登録制度を設けることにより，第1に，「地域の取組目標となる水準の提示による観光地域づくり法人の形成・確立の促進」，第2に，「関係省庁が観光地域づくり法人の形成・確立を目指す地域の情報を共有することによる支援の重点化」が図られること，そして第3に，「観光地域づくり法人の間の適切な連携を促すことで各法人間の役割分担がされた効率的な観光地域づくり等を実現すること」ができると考えられたためである。

5.2　日本版DMOへの期待と課題

　観光庁による日本版DMOは，2015年に登録制度が開始された。2016年2月の「日本版DMO候補法人」の第1弾登録時において24の候補法人の登録が決定されてから年々増加しており，2020年10月時点で「登録DMO」174法人，「候補DMO」119法人の合わせて合計293法人が登録されている（**図表2−6**参照）。

　また，日本版DMO（観光地域づくり法人）は，その役割や目的，ターゲットに応じて3つ区分で登録されている。まず，複数の都道府県にまたがる区域を対象とした「広域連携DMO」，単独都道府県や複数市区町村にまたがる区域を対象とした「地域連携DMO」，そして単独市区町村やある地域を対象とする「地域DMO」が存在する。2019年11月時点で，47都道府県すべてが「広域連携DMO」を設置している。2020年10月時点での「登録DMO」174法人のうち，「広域連携DMO」10件，「地域連携DMO」83件，「地域DMO」81件であり，「候補DMO」119法人のうち，「地域連携DMO」34件，「地域DMO」85件となっている。

　また，2020年4月に観光庁は，これらDMOの活動に対して，登録要件等の厳格化を進め，更新登録制度および登録の取消のガイドラインを策定した。登録後3年以上を経過したDMOを対象に，登録要件のチェックを行ったところ，「登録DMO」41法人についてはすべての法人の更新登録が認められたが，「候補DMO」については7法人が登録取消の対象とされている。

　国の第2期総合戦略でいわれる「関係人口」の拡大においては，今後DMO

図表｜2−6　日本版DMOの登録数の推移（2020年10月現在）

出所：中野（2020）p.5を参考に，観光庁登録データを追加し作成したものである。

図表｜2−7　候補DMO並びに登録DMOに関する３区分別の登録状況

	2016年						2017年					2018年			2019年		2020年		
	2月	4月	5月	7月	8月	11月	1月	3月	5月	8月	11月	3月	7月	12月	3月	8月	1月	3月	10月
候補DMO	24	37	20	7	13	10	12	11	11	12	17	22	10	15	14	15	15	14	12
広域連携DMO	2	2	−	−	1	1	1	−	−	−	2	−	−	−	−	−	−	−	−
地域連携DMO	11	16	12	1	5	7	4	7	4	2	5	8	5	7	3	5	5	5	3
地域DMO	11	19	8	6	8	2	7	4	7	8	9	12	5	8	11	10	10	9	9
登録DMO											41	29	16	16	21	13	14	12	12
広域連携DMO											5	2	−	6	2	−	−	−	−
地域連携DMO											23	16	9	−	9	6	3	7	4
地域DMO											13	11	6	10	10	7	11	5	8

出所：観光庁「観光地域づくり法人（DMO）一覧」
https://www.mlit.go.jp/kankocho/page04_000054.html
より筆者作成。

　が果たすべき役割が大いに期待されている。DMOは，観光振興としての役目を果たすことではなく地域づくりのためである。

　ただ，1998年に中心市街地活性化法が施行された際に，TMO（Town Management Organization：タウンマネジメント機構）が全国に認定されたが，「積極的な取り組みを展開している地域もあるが，計画は策定したものの，具

体的な事業が進んでいない地域もみられる」と2007年9月の「TMOのあり方懇談会」で指摘された。

　中心市街地の活性化が進まない理由として，①商店街，商業者との連携がとれていない，②事業を推進するリーダー的人材がいない，③事業が継続的ではなく単発的である，④大型店の撤退等の環境変化がある，⑤当初から現状分析，事業効果評価が不十分である，⑥TMOの役割が不明確である，⑦市町村，商工会議所・商工会との連携が不十分であることなどが挙げられ，それらが課題として掲げられた（中小企業庁 2003）。

　「まち」の活性化に向けてTMOの活動は注目されたが，短期的な活性化の域を出ることができなかった。それ故に，「まち」あるいは地域の創生に向けた観光地経営として，マーケティングやプロモーションを重点的に担うDMOへの期待が込められているのである。

◆ 参考文献

石原武政・西村幸夫編（2010）『まちづくりを学ぶ―地域再生の見取り図』（有斐閣）ブックス。

石原武政・渡辺達朗編（2018）『小売業起点のまちづくり』中央経済社。

大社充（2018）「これからの観光政策とDMOの役割，その運営」『日本不動産学会誌』第32巻第3号。

大社充・事業構想大学院大学編（2018）『地方創生シリーズ　DMO入門―官民連携のイノベーション』事業構想大学院大学出版部。

岡本伸之（2013）『観光経営学』朝倉書房。

小川全夫（1990）「都市と農村の交流」『日本の農業』第177集。

小田切徳美（2018）「関係人口という未来―背景・意義・政策」『ガバナンス』通巻226号。

尾家健生・金井萬造（2009）『これでわかる！着地型観光』学芸出版社。

観光まちづくり研究会編（2002）『新たな観光まちづくりの挑戦』ぎょうせい。

菅野正洋・吉谷地裕・山田雄一（2018）「日本の『観光地経営』に関連する概念の変遷および海外における類似概念との比較」『日本国際観光学会論文集』第25号。

近藤政幸（2018）『着地型観光の経営的条件―DMO/DMCに至る地域産業複合体のバリューチェーン』大阪公立大学共同出版会。

佐々木保幸・番場博之編（2013）『地域の再生と流通・まちづくり』白桃書房。

指出一正（2016）『ぼくらは地方で幸せを見つける―ソトコト流ローカル再生論』ポプラ新書。

鈴木忠義（1985）「観光はまちづくりの総仕上げ（特集　地域振興と観光）」『観光文化』第49号。

十代田朗（2018）「新しい観光による地域活性化の課題と方向性」『日本不動産学会誌』第32巻第3号。

髙橋一夫（2017）「観光産業のビジネスモデルの変化について」『AD STUDIES』Vol.59。

中野文彦（2020）「株式会社型DMOを概観する」『観光文化』第244号。

日本交通公社（2013）『観光地経営の視点と実践』丸善出版

羽田耕治監修（2008）『地域振興と観光ビジネス』JTB能力開発。

堀野正人（2016）「観光まちづくり論の変遷に関する一考察―人材育成にかかわらせて―」『地域創造学研究』27巻。

第3章

地域創生とSDGs

武市三智子

　SDGsの17の目標は，すべての人にとっての理想の社会を実現するためのものである。したがって，SDGsの17の目標が達成されれば，地域住民にとって，とても住みやすく，活性化した社会が実現するはずである。

　しかし，すべての目標を一度に達成することは容易ではないので，SDGsの17の目標の中から，まずは地域の特性に合わせて，最も取り組みやすい目標から取りかかることになろう。その場合，地場産業や伝統工芸，観光資源といった，その地域独自の特色を生かした経済的な取り組みが先行していくことが多い。そして，その目標が達成されれば，次の目標にと，順番に取り組んでいくことになる。後半の目標になればなるほど，何をどう取り組めばよいのか曖昧になっていくが，その際には，すでに全方位で取り組んでいる先進都市を参考にすることで取り組みやすくなるだろう。

1 ｜ まち・ひと・しごと創生総合戦略とSDGs

1.1　まち・ひと・しごと創生総合戦略とSDGsの融合

　戦後，日本の総人口は増加を続け，1967年には初めて１億人を超えたが，2008年の１億2,808万人をピークに減少に転じた。総務省統計局の人口推計では，2020年10月１日時点で，日本の人口は１億2,548万人という。

　しかし，国土交通白書の日本の人口移動の動向を見ると，一部の大都市圏では人口は増加している。つまり，特に地方の人口減少が深刻な問題となっているのである。こうした「少子高齢化の進展に的確に対応し，人口の減少に歯止めをかけるとともに，東京圏への人口の過度の集中を是正し，それぞれの地域で住みよい環境を確保して，将来にわたって活力ある日本社会を維持していくため」に，2014 年 11 月に「まち・ひと・しごと創生法」が公布された。

　この目的に沿って 2015 年に始まった第 1 期「まち・ひと・しごと創生総合戦略」（以下「総合戦略」）は，2019 年に終了した。第 1 期「総合戦略」の総括としては，ほぼすべての地方公共団体において「地方版総合戦略」を策定して取り組みを推進し，国も情報支援・人材支援・財政支援を実施したものの，残念ながら人口減少に歯止めはかからなかった。東京一極集中も依然として続いており，地方経済は雇用・所得環境については改善したが，一方で中小企業において人手不足感が深刻化するなど，厳しい状況である。

　2020 年に始まった第 2 期「総合戦略」においても，第 1 期に引き続き，「地方にしごとをつくり，安心して働けるようにする」「地方への新しいひとの流れをつくる」「若い世代の結婚・出産・子育ての希望をかなえる」および「時代に合った地域をつくり，安心なくらしを守るとともに，地域と地域を連携する」を 4 つの基本目標としている。そして，世界も視野に入れ，観光，農業，製造業など，地域ごとの特性を活かして域外から稼ぐとともに，域外から稼いだ資金を地域発のイノベーションや地域企業への投資につなげる等，地域の隅々まで循環させることにより，地域経済を強くしていくことが目標とされている。

　ここで注目すべきは，第 1 期「総合戦略」にはなかった，SDGs や Society5.0 といった新しい目標を，第 2 期「総合戦略」に追加していることである。

　もっとも，SDGs や Society5.0 という目標が誕生したのは「まち・ひと・しごと創生法」公布よりも後のことなので，第 1 期「総合戦略」に入っていなかったのは当たり前であるが，持続可能なまちづくりや地域創生に向けて取り組みを推進するにあたって，SDGs や Society5.0 の理念に沿って進めることにより，政策全体の最適化や地域課題解決の加速化という相乗効果が期待でき，地方創生の取り組みの一層の充実・深化につなげることができるだろうということか

ら，第２期「総合戦略」に追加されたのである。

1.2　SDGsの17の目標

　SDGsとは，2015年９月の国連サミットで採択された「持続可能な開発のための2030アジェンダ」に記載されている言葉であり，Sustainable Development Goalsの頭文字を取ったものである。もともと持続可能な開発（Sustainable Development）とは，「将来の世代のニーズを満たす能力を損なうことなく，今日の世代のニーズを満たすような開発」とされ，1980年に国際自然保護連合や国連環境計画（UNEP）などで考え出されたものである。1987年にブルントラント委員会が発行した最終報告書で提唱されたことから，広く認知されるようになったが，これらの理念が生まれた背景には，産業公害型から都市・生活型の問題へ，さらには地球規模の広がりをみせるようになった環境問題があった。

　日本でも循環型社会が重視されるようになり，1993年の環境基本法に代表される各種環境に関わる法律が整備された。

　しかし，地球規模で解決しなければならないのは，環境問題だけではない。貧困や飢餓，教育やジェンダーの問題から世界平和にいたるまで，地球上のすべての人々が解決を願っている問題はたくさんある。そんな，先進国や発展途上国の別なく，全世界，全地域，全人類共通の目標として生み出されたのがSDGsである。

　SDGsの目標は，2016年から2030年までの国際目標で，持続可能な世界を実現するための17のゴールと169のターゲットから構成されている。SDGsの17の目標は**図表３－１**に示したとおりである。紙面の都合上，本章では触れないが，各目標の中に169の具体的なターゲットがある。

　17の目標は多岐にわたっているため，もう少し大きく分類すると，**図表３－２**のように，「社会」「経済」「環境」の３つに分けることができる。図表ではそれぞれの目標を１つの分野に分類したが，もちろん社会・経済・環境の分野はそれぞれ独立したものではなく，相互に関連し合っている。

　より強い関連を示しているものも分類に入れると，**図表３－３**のようになると考えられる。

図表｜3－1　**2030年までを期限とする17の国際目標**

目標1	貧困	貧困をなくそう	あらゆる場所のあらゆる形態の貧困を終わらせる。
目標2	飢餓	飢餓をゼロに	飢餓を終わらせ，食料安全保障及び栄養改善を実現し，持続可能な農業を促進する。
目標3	保健	すべての人に健康と福祉を	あらゆる年齢のすべての人々の健康的な生活を確保し，福祉を促進する。
目標4	教育	質の高い教育をみんなに	すべての人に包摂的かつ公正な質の高い教育を確保し，生涯学習の機会を促進する。
目標5	ジェンダー	ジェンダー平等を実施しよう	ジェンダー平等を達成し，すべての女性及び女児の能力強化を行う。
目標6	水・衛生	安全な水とトイレを世界中に	すべての人々の水と衛生の利用可能性と持続可能な管理を確保する。
目標7	エネルギー	エネルギーをみんなに。そしてクリーンに	すべての人々の，安価かつ信頼できる持続可能な近代的エネルギーへのアクセスを確保する。
目標8	経済成長と雇用	働きがいも経済成長も	包摂的かつ持続可能な経済成長及びすべての人々の完全かつ生産的な雇用と働きがいのある人間らしい雇用（ディーセント・ワーク）を促進する。
目標9	インフラ，産業化，イノベーション	産業と技術革新の基礎をつくろう	強靱（レジリエント）なインフラ構築，包摂的かつ持続可能な産業化の促進及びイノベーションの推進を図る。
目標10	不平等	人や国の不平等をなくそう	各国内及び各国間の不平等を是正する。
目標11	持続可能な都市	住み続けられるまちづくりを	包摂的で安全かつ強靱（レジリエント）で持続可能な都市及び人間居住を実現する。
目標12	持続可能な生産と消費	つくる責任つかう責任	持続可能な生産消費形態を確保する。
目標13	気候変動	気候変動に具体的な対策を	気候変動及びその影響を軽減するための緊急対策を講じる。
目標14	海洋資源	海の豊かさを守ろう	持続可能な開発のために海洋・海洋資源を保全し，持続可能な形で利用する。
目標15	陸上資源	緑の豊かさも守ろう	陸域生態系の保護，回復，持続可能な利用の推進，持続可能な森林の経営，砂漠化への対処，ならびに土地の劣化の阻止・回復及び生物多様性の損失を阻止する。
目標16	平和	平和と公正をすべての人に	持続可能な開発のための平和で包摂的な社会を促進し，すべての人々に司法へのアクセスを提供し，あらゆるレベルにおいて効果的で説明責任のある包摂的な制度を構築する。
目標17	実施手段	パートナーシップで目標を達成しよう	持続可能な開発のための実施手段を強化し，グローバル・パートナーシップを活性化する。

出所：国際連合広報センター

図表│3-2　SDGs17の目標の分類

分類	SDGsの17の目標																
	1	2	3	4	5	6	7	8	9	10	11	12	13	14	15	16	17
社会	○	○	○	○	○		○				○					○	
経済								○	○	○		○					
環境						○							○	○	○		

出所：国際連合広報センターの目標を参考に筆者作成。

図表│3-3　SDGsの17の目標と関連する分野

分類	SDGsの17の目標																
	1	2	3	4	5	6	7	8	9	10	11	12	13	14	15	16	17
社会	○	○	○	○	○		○	○	○	○	○	○				○	○
経済		○		○			○	○	○	○		○	○	○			○
環境			○			○	○				○	○	○	○	○		○

出所：国際連合広報センターの目標を参考に筆者作成。

　世界中のあらゆる主体とパートナーシップを結ぶことにより，世界の持続可能な発展に貢献することが目標17の実施手段であるため，目標17は社会・経済・環境のすべてに関連する。

1.3　SDGs，Society5.0と地域創生

　Society5.0とは「すべての人々がそれぞれの想像力・創造力を発揮して活躍し，社会の課題解決と価値創造を図り，自然と共生しながら持続可能な発展を遂げる社会」である。5.0というのは，狩猟社会（Society 1.0），農耕社会（Society 2.0），工業社会（Society 3.0），情報社会（Society 4.0）に続く社会，としてつけられた。

　日本経済団体連合会（経団連）が2018年に発表した「Society 5.0—ともに創造する未来—」では，Society5.0が扱う重要分野に，SDGsの目標を分類しているので，それを**図表3-4**に示した。Society5.0で重視される分野は①都市・地方，②エネルギー，③防災・減災，④ヘルスケア，⑤農業・食品，⑥物流，⑦ものづくり・サービス，⑧金融，⑨行政である。

　SDGsが描く世界とSociety5.0は，どちらも誰もが理想とする未来の姿である。

図表│3－4　Society5.0とSDGs

	SDGsの17の目標																
	社会								経済				環境				全体
Society5.0の重要分野	1	2	3	4	5	7	11	16	8	9	10	12	6	13	14	15	17
1　都市・地方			○	○	○		○		○			○	○	○			
2　エネルギー						○				○				○			
3　防災・減災			○				○						○	○			
4　ヘルスケア			○									○			○	○	
5　農業・食品		○															
6　物流							○					○					
7　ものづくり・サービス				○					○	○							
8　金融	○			○					○	○							
9　行政	○		○	○				○				○					

出所：日本経済団体連合会（2018）を参考に筆者作成。

そこでは，人々は生活をしていくための十分な収入を得ることができ，暮らしやすい環境を持ち，周囲の人々と支え合って豊かな生活をすることができる。そうなれば人口減少傾向も止まり，過疎化が懸念されている地域への流入人口が増えるかもしれない。そうした期待から，第２期「総合戦略」にSDGsとSociety5.0が取り入れられたのである。

　しかし，その取り組む分野の広さや，達成目標の高さからみて，残念ながら今すぐに実現できるものではないことも明白である。

　理想の実現には，結局，できるところからコツコツと取り組んでいくしかないのであるが，地域創生といわれても何から手をつければよいのかわからない状態にある地域にとっては，SDGsの17の目標はフレームワークとして大いに利用できるのではないだろうか。

2 │ 行政の取り組み事例

2.1　SDGs未来都市

　内閣府地方創生推進事務局では，2018年から「SDGs未来都市」と「自治体

SDGsモデル事業」の選定が進められてきた。それ以前は,「環境モデル都市（2008年から2014年）」と,「環境未来都市（2011年から2017年）」が指定されており,その主な取り組み内容は,環境モデル都市は温室効果ガスの削減を目指し,環境未来都市は半数が震災の復興関連地域であった。2018年から「SDGs未来都市」と「自治体SDGsモデル事業」になったことで,主な取り組み内容が環境からSDGsに変化した。

　SDGs未来都市とは,SDGsの理念に沿った基本的・総合的取組を推進しようとする都市・地域の中から,特に,社会・経済・環境の3つの側面における新しい価値創出を通して持続可能な開発を実現するポテンシャルが高い都市・地域が選定される。2019年には全国で31都市,2020年には全国で33都市が選定された。

　2019年度に選定された都市の取り組み内容を見ていくと,最も取り組みの多かった目標は8の「経済成長と雇用」であり,全31都市中29都市が挙げていた。次いで多かったのは,目標11の「持続可能な都市」であり,これは27都市が,目標4の「教育」は25都市が,目標9の「インフラ,産業化,イノベーション」は23都市が,目標12の「持続可能な生産と消費」は22都市が何らかの取り組みを計画していた。

　2020年度に選定された都市の取り組み内容を見ると,最も多かった取り組みは全33都市中31都市が取り組むと宣言した目標9の「インフラ,産業化,イノベーション」と目標11の「持続可能な都市」が同数であった。次いで30都市が目標8の「経済成長と雇用」,24都市が目標11の「持続可能な都市」,23都市が目標4の「教育」と目標13の「気候変動」に取り組むことを宣言した。

2.2　自治体SDGsモデル事業

　自治体SDGsモデル事業とは,SDGs未来都市の中で実施予定の先導的な取り組みとして選定されるものであり,地方公共団体によるSDGsの基本的・総合的取り組みの中でも特に注力的に実施する事業である。先に見たように,SDGs未来都市に選定された都市が多く取り組む内容は,経済に関する目標が多いため,必然的に,自治体SDGsモデル事業も経済に関する内容が多くなる。

　各年10事業が選定されるため,2018年から2020年に採択された30事業で見る

図表│3-5　SDGs未来都市・自治体SDGsモデル事業の取り組み内容

	1 貧困	2 飢餓	3 保健	4 教育	5 ジェンダー	6 水・衛生	7 エネルギー	8 経済成長と雇用	9 インフラ、産業化、イノベーション	10 不平等	11 持続可能な都市	12 持続可能な生産と消費	13 気候変動	14 海洋資源	15 陸上資源	16 平和	17 実施手段
2019年　SDGs未来都市	3	11	16	23	11	7	22	30	31	9	31	24	23	15	16	4	18
2020年　SDGs未来都市	2	7	14	25	11	8	18	29	23	10	27	22	20	16	16	3	17
計	5	18	30	48	22	15	40	59	54	19	58	46	43	31	32	7	35
2019年　自治体SDGsモデル事業	1	4	7	9	4	2	7	9	6	4	8	7	8	4	7	1	7
2020年　自治体SDGsモデル事業	1	3	3	6	2	2	5	8	9	1	9	8	7	5	2	0	4
計	2	7	10	15	6	4	12	17	15	5	17	15	15	9	9	1	11

出所：首相官邸まち・ひと・しごと創生本部ホームページを参考に筆者作成。

と，最も多い取り組みは目標8の「経済成長と雇用」，次いで目標11の「持続可能な都市」，目標9の「インフラ，産業化，イノベーション」となっている。

また，個々では図示しないが，Society5.0の重要分野としては「1．都市・地方」「6．物流」「7．ものづくり・サービス」「8．金融」の取り組みが多い。

2.3　SDGs未来都市に見る17の目標の位置づけ

SDGs未来都市と自治体SDGsモデル事業が取り組んでいる目標を，取り組みの多さ順に並べ，それをグローバルとローカルの視点でグラフ上にポイントしたのが，**図表3-6**である。グローバルとローカルの視点は精査が必要であるが，ここでは個人的なものをローカル，社会的や国際的なものをグローバルとしている。

図表の第4象限に集まっている目標は，取り組みやすく，取り組みの結果も表れやすいので，地域が最初に取り組むには良い目標といえる。これからSDGsに取り組もうとしている主体は，まず「持続可能な生産と消費」「インフ

図表│3－6　17の目標の位置づけ

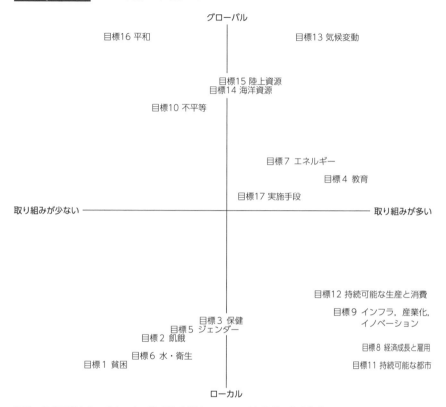

出所：首相官邸まち・ひと・しごと創生本部ホームページを参考に筆者作成。

ラ，産業化，イノベーション」「経済成長と雇用」「持続可能な都市」といった
目標に取りかかり，目標が達成されれば，やがて第1象限や第3象限の目標に
移り，いずれ全目標を達成する，という道を行くことになる。

3 │ SDGsに取り組む主体

3.1　行政地区を活動の単位とする行政

　行政がSDGsの目標に向かって様々な活動に取り組むとき，その活動の単位

となるのは「行政地区」である。

　平成26年版国土交通白書が指摘しているとおり，人口減少が地域にもたらす影響は，まず生活関連サービスの縮小である。生活関連サービスとは，小売・飲食・娯楽・医療機関等，住民が日常生活を送るために必要なサービスであるが，これらは一定の人口規模がなくては安定して存続することができない。また，これらのサービスでの雇用は，地方圏の多くの割合を占めているため，人口減少によって生活関連サービス産業の撤退が起これば，就業機会も減少する。

　生活関連サービス産業が撤退し，就業機会も喪失すると，生活利便性が低下するだけでなく，税収減によって行政サービス水準も低下する。さらには地域コミュニティの機能も低下し，地域の魅力が低下，さらなる人口減少という，人口減少による悪循環が生まれるのである。

　したがって，行政はこれらの悪循環を止めるために，**図表3－7**の上段に挙げた事象に対して働きかける。例えば，生活関連サービスを縮小させないように助成したり，地域公共交通を支えたり，空き家や空き店舗の再利用を行ったりする。このとき，行政には公平さが求められ，特定の分野や地区に偏った助成は批判の対象になりかねない。

図表│3－7　人口減少の悪循環のイメージ図

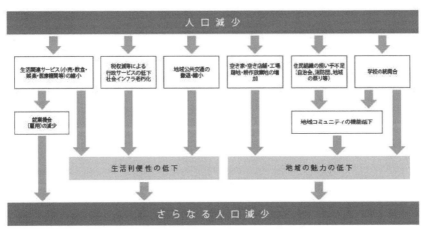

出所：国土交通省『平成26年版 国土交通白書』

3.2　地域住民と企業の活動対象地域

　SDGsに取り組む主体として，地域住民と企業が重要な役割を果たしていることは間違いない。SDGsの目標17で，行政，住民，企業のパートナーシップが鍵であることも示されている。

　この，住民と企業という主体が対象とするのは，行政地区ではない。行政と異なり，地域住民や企業は，基本的にその活動範囲として行政地区を念頭に置かないのである。例えば，商店街は市や町といった行政地区より狭いし，住民の草の根交流といった場合は，行政地区の異なる地域と手を組むこともある。

　地域住民や企業の活動対象範囲は，行政地区と重なることもあるかもしれないが，ほとんどの場合，行政地区とはずれが生じる。そのずれが，「地方」創生ではなく，「地域」創生という概念を必要とする一つの要因でもあるように思う。住民と企業は，行政地区よりも狭かったり広かったりする「地域」を創生する。

　したがって，より住民や企業に期待したいところであるが，残念なことに住民のSDGsに対する意識は，まだまだ低いのが現状である。象徴的なのが，SDGsという言葉自体の認知度の低さである。世界経済フォーラム"Global Survey Shows 74% Are Aware of the Sustainable Development Goals"によれば，2019年9月現在，SDGsという言葉の認知度は，日本は28カ国中最下位で49％ほどだという。世界平均は74％であるから，かなり低いと言わざるを得ない。今後，なお一層の周知を図る必要があろう。

　とはいえ，人口減少問題には誰もが危機意識を強く持っている。内閣府が2014年8月に行った世論調査によれば，9割以上の国民が「人口減少は望ましくない」と回答しているのである。したがって，SDGs全体への理解が現状ではまだ足りないとしても，地域創生の結果，人口増加が期待できるということだけでも周知されれば，住民の協力は得られるだろう。

3.3　企業がSDGsに取り組む理由

　地域創生に企業が積極的な役割を果たしてくれることは望ましいことであるが，本来，人口減少問題やSDGsの目標の多くは，企業の外部環境である。対

応しなければならない課題ではあるが，企業活動の範囲内で解決できる問題だと捉えるのは難しい。企業のトップが倫理的責任感を持ってSDGsに取り組むことを期待したいところではあるが，だからといって採算のとれない地域での経営を無理強いすれば，企業の存続そのものが危ぶまれることにもなりかねない。

　にもかかわらず，多くの企業がSDGsに取り組んでいる。その理由の一つには，SDGs関連ビジネスの市場規模の拡大がある。デロイトトーマツコンサルティング合同会社は，SDGsに関連するビジネスの市場規模を，目標ごとに約70〜800兆円と試算している。この市場規模は多くの企業にとって魅力的であろう。そして，この新規市場に進出することで企業ブランドや企業イメージが向上すれば，新規事業だけでなく既存事業の拡大にもつながるだろう。

　もう一つの理由として，人材確保が挙げられる。株式会社ディスコが，2021年3月卒業予定の大学4年生（理系は大学院修士課程2年生含む）を対象に2020年8月に行った調査では，就職先企業の選社基準として最もポイントを集めたのは，3年連続で「社会貢献度が高い」であった。企業の社会貢献度を判断する要素としては，「企業理念」（52.9%）や「ビジネスモデル」（44.2%），「従業員に対する姿勢」（39.6%），「顧客／消費者に対する姿勢」（37.9%）の順になっているが，「CSR／ESG／SDGsなどの取り組み」も26.1%であり，SDGsへの取り組みが人材獲得にもつながることがわかる。

　SDGsが世界の共通言語となりつつある今，SDGsに参加することは，経営者の倫理意識の高さだけが要因ではなく，倫理意識が低い経営者であってもリスク回避のために参加せざるを得ない状況になりつつある。

4 ｜ SDGs先進都市に向けて

4.1　SDGs先進都市フライブルク市の事例

　フライブルク市はドイツの南西部に位置する都市であり，人口は約23万人，面積153㎢である。佐賀市とほぼ同じ人口で，面積は佐賀市の1/3ほどである。シュバルツヴァルトの玄関口で，ライン川の支流であるドライザム川が流れ，

年間平均気温11.8℃，日本でいえば東北地方くらいの気候である。ドイツ有数の学園都市で，1970年代〜1990年代にかけて持続可能な都市として世界的に有名になった。

　そのフライブルク市では，SDGsの取り組みを全方位で行っている。日本の自治体では取り組みにくく後回しにされるような分野でも，様々な取り組みを行っているのである。

　その結果，フライブルク市の人口は増加を続けている。**図表3−8**はフライブルク市の人口の推移を示したものであるが，特筆すべきは生産年齢人口（15歳以上65歳未満）の多さであろう。もちろん，若者が多いのは学園都市であることも大きな要因ではあるが，ドイツの他の地域と比べても，生産年齢人口の割合が高く，活気があることがわかる。

4.2　フライブルク市の取り組み

　前述したように，日本のSDGs未来都市や自治体SDGsモデル事業では，目標1「貧困」目標2「飢餓」目標6「水・衛生」目標10「不平等」目標16「平和」などがあまり取り組まれていない。日本ではそれらの問題を実感する機会があまりないからともいえるが，フライブルク市ではそれらの問題にも精力的に取り組んでいる。

　中口・熊崎（2019）を参考に，日本ではまだ取り組みの少ない目標について見ていく。

　まず，目標1の「貧困」問題への取り組みであるが，フライブルク市のヴァインガルテン地区は，フライブルク市のアンケート調査で，「住んでいる地区に住むのが好きな人の割合」67％であり，他地区に比べて最も低い。多民族が暮らしていることでコミュニケーションがとりにくく，低所得者も多く，お金のかかるイベントが実施できないかまたは参加できないため，地域としてのまとまりを欠いている。そんな地区において貧困問題解決のために取り組まれたのが，住民参加による市営住宅の改修，徹底した省エネ改修，生活支援や安全性・利便性向上の工夫，隣人関係・住民のつながりの確立，省エネとコミュニティ再生を同時に実現することであった。これらは，日本の地方都市が移住を勧める際にも，重要となる取り組みだと思われる。

図表│3-8　フライブルク市の人口の推移

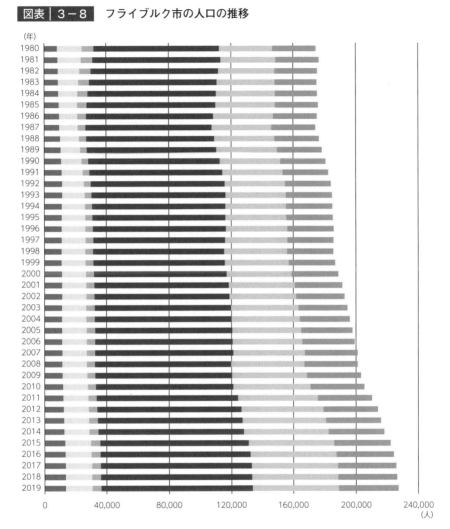

出所：フライブルク市ホームページを参考に筆者作成。

　また，目標2の「飢餓」に対する取り組みとしては，ガルテンコープ・フラ
イブルクという，フライブルク市の南に位置するバート・クロツィンゲン市
トュンゼル地区において共同で農業を営んでいる市民団体による有機農業があ

る。持続可能な農業の実践，食の安全への配慮，市民の交流と学びの場の確保を行っている。その結果，持続可能な農業と，それを支える市民の相互作用が生まれている。

　目標 6 の「水・衛生」に対する取り組みは，NPO のレギオヴァッサーが担当している。日本では，水の問題というと水不足や節水といったテーマが一般的であるが，ドイツでは水不足や節水という問題はあまりないという。しかし，レギオヴァッサーの活動は非常に多岐にわたる。節水や農業・畜産業などから生じる硝酸塩（廃盤性物質に変化する）の飲料水汚染に始まり，地下水の水質改善，自然再生の取り組み，外用薬が河川の小動物に与える影響の問題や，ドイツ国鉄が民営化されて以降廃止された駅の水飲み場を復活させようという取り組み，さらには水道事業者と発展途上国のエンジニアのパートナーシップをつくろうとする試みなど，その発想の豊富さに驚かされる。日本でも，専門家の知恵を借りながら，様々な方面から問題を掘り起こす必要がある。

　目標 10 の「不平等」の問題には，フェアトレードの製品を扱うヴェルトラーデン・ゲルバーアウが関わっている。この店では，アジア，アフリカ，南アメリカの貧しい国々の生産者がつくった製品を，フェアな価格で買い取って販売している。有限会社の形で経営されているが，実質的な運営を担うのは，NPO 法人・南北フォーラムだという。

　認定 NPO 法人フェアトレード・ラベル・ジャパンによれば，日本のフェアトレード推定市場規模は 2010 年以降急激に伸びており，2016 年では約 113 億6,000 万円だという。したがって，フェアトレード商品への取り組みは，日本においても難しくなさそうである。

　目標 16 の「平和」への取り組みは，市民の手によってつくられた NPO，兵器情報センター・リプが行っている。ドイツ企業が行っている武器輸出を告発し，市民への平和啓蒙活動として講演やシンポジウムを行ったり，ニュースレターなどを通して情報発信も行ったりしている。また，グローバルなネットワークづくりも手がけているという。

4.3　フライブルク市の取り組みの特徴

　フライブルク市が SDGs 先進都市として評価される理由は，現在進行形で

SDGsの17の目標すべてに取り組んでいるからだけではない。その活動すべてが，市民の高い環境意識と活動への参加意欲に基づいているからである。

　中口・熊崎（2019）によれば，フライブルク市が全方位の取り組みを行うことができる背景には，「高い市民の環境意識と活動への参加意欲」「エネルギー関連産業の集積」「コンサルタントや非営利団体の活動の活発化」「市民活動を支える学習拠点の充実」「学校や教員の自由裁量の大きさ」「公益性の高い活動を行って当然という市民風土」「大学入学前の若者がボランティア活動を実施」「計画段階からの市民参加と時宜にあった市民の取り組み」「議会と市民参加で成り立っている持続可能性管理システム」があるという。

　コンサルタントや非営利団体が適材適所で活躍し，市民活動を支えている。こうした地域住民が中心となった取り組みは日本ではあまり見られず，行政が担っている側面が大きい。

5 ｜ 地域創生の課題

5.1　新型コロナウイルスの影響

　2020年6月に，内閣府がSDGs未来都市に選定されている自治体を対象に，新型コロナウイルス感染症に対してどのような対策を行っているのかを調査したところ，27の自治体より36の取組事例が報告された。

　各取組事例から見えてきたことは，目標11の「持続可能な都市」，目標17の「実施手段」，目標8の「経済成長と雇用」に対する取り組みが突出して多かったことである。

　取り組みやすい目標が達成され，次の目標に取りかかっていた都市もあったというのに，新型コロナウイルス感染症のような予想していなかった事態が起こると，せっかく進んでいた経済以外の取り組みがゼロに戻ってしまうのである。

5.2　地域住民の主体的参加の難しさ

　また，SDGs未来都市や自治体SDGsモデル事業を見ると，現時点では積極的

な市民参加に欠けているように見える。住民が参加することが前提の計画であっても，実態としては自治体の主導で住民が集められているだけというものも多い。地域住民の主体的な参加を促すことは，どの地域においても難問である。また，地域独自の特徴を出すことが難しい目標もある。しかし，そういった目標は，フライブルク市のような優れた事例を参考にして，地道な取り組みを重ねていくしかない。

　世界中の全地域がSDGsの全目標を達成しようとしているとしても，地域ごとに時間差や達成率といった差は生まれる。その差が存在する間は，SDGsの17の問題に取り組んでいる，という事実だけでも，地域住民は自分たちの住んでいる地域に誇りを持つかもしれない。そうして醸成された地域に対する愛着やアイデンティティによって，さらに地域住民の参加が増えていくのを忍耐強く待つ必要がある。

5.3　SDGsの目標を達成した後に残るもの

　取り組みやすく，また身近なところから取り組み始めるという意味で，まず経済的取り組みから始めるのは正しい選択である。また，地場産業や観光名所などといった，他地域とは圧倒的に差のある資源があれば，それを手がかりに地域独自の取り組みを行うのが地域創生の近道である。

　最初の目標が達成されれば，次の目標に移っていく。そうしてSDGsの17の目標のすべてが達成され，すべての地域が働きやすく，住みやすく，環境も良い社会になったとき，その次の目標は，**図表３－６**の第４象限に戻ってくる。

　すべての目標を達成した後に，他地域と異なる価値を有するのは，最初に取り組みの手がかりとなった，地場産業や観光名所などといった資源であると考える。

◆　**参考文献**

中口毅博・熊崎実佳（2019）『SDGs先進都市フライブルク』学芸出版社。

キャリタス就活（2021）「就活生の企業選びとSDGsに関する調査」2020年8月，株

式会社ディスコ
（https://www.disc.co.jp/wp/wp-content/uploads/2020/09/sdgsshu_202008.pdf）
国際連合広報センター「我々の世界を変革する：持続可能な開発のための2030アジェンダ」（日本語（外務省仮訳））
（https://www.mofa.go.jp/mofaj/files/000101402.pdf）
国土交通省『平成26年度 国土交通白書』
（https://www.mlit.go.jp/hakusyo/mlit/h26/index.html）
首相官邸：まち・ひと・しごと創生本部ホームページ
（https://www.kantei.go.jp/jp/singi/sousei/info/）
世界経済フォーラム"Global Survey Shows 74％ Are Aware of the Sustainable Development Goals
（https://www.weforum.org/press/2019/09/global-survey-shows-74-are-aware-of-the-sustainable-development-goals/）
内閣府「地方創生SDGs推進による新型コロナウイルスの影響への取組事例」
（https://future-city.go.jp/data/pdf/sdgs/covid19-sdgsfuturecity.pdf）
日本経済団体連合会（経団連）（2018）「Society 5.0—ともに創造する未来—」
（https://www.keidanren.or.jp/policy/2018/095.html）
認定NPO法人フェアトレード・ラベル・ジャパン「フェアトレード海外報告」
（https://www.jeijc.org/wp-content/uploads/2019/08/20190817-2.pdf）
フライブルク市ホームページ（Freiburg IM BREISGAU）
（https://fritz.freiburg.de/asw/asw.exe?aw=Bevoelkerung/Jahrbuch/Wohnbevoelkerung_nach_Altersgruppen_ab_1950_Gesamtstadt）

第 **4** 章

地域創生と
地域住民・観光客の満足

大田謙一郎

　本章は，既存理論を整理しながら観光客と地域住民の２つの視点から，観光サービスにおける満足度やロイヤルティについて新たな理論モデルを構築することを目的とする。

　まず，①観光客が感じる満足やロイヤルティなどの概念の位置づけ，②地域に在住する住民満足と観光客がもたらす満足との関わり，③観光に対する地域住民の関わり方，の３点に焦点を当ててそれぞれの現状と課題を整理する。その後，これまで提示した概念やモデルを整理した上で，観光客と地域住民の２つの視点を含めた新たな観光客満足度モデルを示唆する。

1 ┃ 地域創生と観光

1.1　日本における観光政策の変遷とその現状

　2015年に日本人の海外旅行者数よりも訪日する外国人旅行者数が上回り，インバウンドとアウトバウンドが逆転した。インバウンドが増加した理由は，為替相場ならびに近隣アジア市場の拡大，新規路線の就航による航空座席供給量の増加などいくつか挙げられるが，政府によるビジットジャパン事業以降，毎年対象とする国や地域ごとに目標数値を定め，プロモーション活動が継続的に

展開されたこともインバウンドが増加した一つの起因であるだろう。そのような事業が策定された2003年には521万人であった訪日外国人旅行者数は，2018年には3,119万人に増加している（日本政府観光局 2019）。政府は，インバウンド観光を日本経済における重要な産業として位置づけ，これをさらに拡大・発展させようという期待が高まっている。

1.2　観光による地域創生の取り組み

　政府は，日本政府観光局を中心に日本のインバウンド旅行市場の拡大を通じて，①国民経済の発展，②地域の活性化，③国際的な相互理解の促進，④日本のブランド力向上，の4つの約束を掲げている。インバウンド観光を手がかりに，地域社会の活性化を図ろうとする動きが，全国各地で盛んになってきている。例えば，北海道虻田郡ニセコ町では，観光開発と景観保全の共生をテーマにインバウンド観光という視点から地域づくりに取り組んでいる（山本 2009）。またインバウンド観光のみならず，国内観光客の増加を模索する地域ブランディングに取り組む事例もある。京都府相楽郡和束町では，宇治茶の茶葉生産地域であるという資源を活かして，茶を使った加工品を開発・販売する六次産業化を図り，「茶源郷」として観光客を呼び込んでいる。結果的に，人口約4,000人の町に年間約7万人が来訪するようになった（高柳ほか 2017）。このように，地域創生の一つの形として，産官一体となり訪日外国人観光客や国内観光客を呼び込むための地域ブランディングに取り組むケースが増えてきている。

1.3　観光と満足に関する学術的な視座

　実務的にそのような観光客を呼び込むための先進的な事例が実施される中で，学術的な研究に関しては，国内外の観光客を呼び込むための地域ブランドの概念規定やモデル開発などが行われている。
　地域ブランド論において，観光はどのように位置づけられているのだろうか。例えば，電通 Abic Project（2009）では，地域ブランドを「その地域が独自に持つ歴史や文化，自然，産業，生活，人のコミュニティといった地域資源を，体験の「場」を通じて，精神的な価値へと結びつけることで，「買いたい」，「訪れたい」，「交流したい」，「住みたい」を誘発するまち」と定義づけたよう

に，外住者による来訪や交流，定住といった要素が地域ブランドの目的となると位置づけている。またそのような目標を想定した際，観光者の満足度や地域に対するロイヤルティを成果指標として取り扱う研究も多い。また観光学においても同様に，観光地・観光施設の持続的な発展のためには，中長期にわたる観光地ロイヤルティの獲得・維持・向上が重要であり，観光客の満足度向上が観光地ロイヤルティを高める要因だといわれている。

　本章では，上記の視座に基づき，地域住民と観光客の満足度に焦点を当て，学術的にその論点を整理したい。

2 | 観光客の満足度モデルとその影響要因

2.1　観光客の満足度モデル

　顧客満足の理論では，従来から期待─不一致モデルという考え方がよく用いられる。このモデルは，当該ブランドを使用する前に期待された品質の水準（期待水準）があり，実際の使用経験によって知覚された品質の水準（知覚水準）と比較して，どのくらいそれらが一致あるいは不一致しているのか，によって満足の度合いが決まるという考え方である。知覚した品質の水準が期待と一致もしくは上回っていれば満足となり，期待を下回ってしまえば期待外れということになり不満足となる。

　観光学においても，基本的には，この期待─不一致モデルに立脚した議論がなされている。大橋（2009）によれば，観光客満足理論では，①理知的感情的アプローチ，②ツーリズム・システム・アプローチ，③動機的アプローチ，④統合的アプローチ，の4つのアプローチがあることが指摘された。ただし，すべてが従来の満足度モデルによる議論と同じというわけではなく，対象を観光とした場合，下記のような理由から，従来の満足度モデルと相違があると言及されている。第1に，サービスを主体とする観光の場合，提供品が無形であり，経験してはじめてわかる経験的ないし信用的なサービスであることから，観光地のイメージが期待水準ならびに知覚水準に大きく影響を与えること，第2に，観光が経常的な行為ではなく，新しさや文化的向上を求める動機の場合，観光

客が高い満足度を得たとしても，必ずしも再来訪するとは限らないこと（大橋 2009），第3に，観光の場合，訪問先が複数あるケースがあることや，場合によっては往復の移動中のサービスも観光に対する満足度に影響することから，観光客は，各観光地および観光地への移動サービスなどに対して満足／不満足を感じると同時に，それぞれの満足／不満足を勘案した旅行全体に対する満足度評価を行うこと（ニールとグーソイ：Neal and Gursoy 2008），の3点である。小原（2013）は上記の第2の主張に賛同している。小原は，観光旅行の心理的起点には，①「快」—「不快」からくる日常生活から脱却したいという「慣れの解消」欲求と②新しいものを見たいという「新奇性」の欲求の2つの内面的な動機があることを述べた上で，仮に観光客の旅行動機がそのいずれかであり，旅行を通じてその動機が満たされれば，旅行自体に満足したとしても，観光客は達成感を感じて来訪しない可能性が高いことを指摘した。また，それとは逆に，1度の旅行経験ではすべて見学や経験が出来なかったり，天候不順で予定通りの経験ができなかったなど，やり残したことがあったり，心残りを感じた場合，観光客はたとえ旅行自体にそれほど満足しなかったとしても，同じ観光地を来訪する可能性が高いことも指摘した。

2.2　観光客のロイヤルティモデル

まずはロイヤルティについて確認したい。ピーター（Peter, J. P.）とオールソン（Olson, J. C.）によれば，ロイヤルティとは忠誠心のことであり，マーケティング領域では，消費者によるブランドに対する態度的側面と観察可能な行動的側面として捉えられてきた。オリバー（Oliver, R. L.）は，ブランド・ロイヤルティの態度的側面には，認知と連想による認知的ロイヤルティ，感情と愛着による感情的ロイヤルティ，そして購買意図による意図的ロイヤルティ，という3つの心理的な構成概念があると指摘した。一方，小野（2010）は，ブランド・ロイヤルティの行動的側面を，購買という行動事象から捉え，購買集中度や継続購買期間の長さにより測定されるとした。ディック（Dick, A. S.）とバス（Basu, K）は，この態度的側面と行動的側面を統合的に捉え直し，①真のロイヤルティ，②潜在的ロイヤルティ，③見せかけのロイヤルティ，④非ロイヤルティ，の4つの象限に分類した。そこでは，態度的なロイヤルティを伴

わない，単なる習慣や惰性でブランドを継続して購買する「見せかけのロイヤルティ」が含まれることから，態度的側面と行動的側面の両方からロイヤルティを捉える必要があることが指摘された。

　観光学でのロイヤルティの捉え方はいくつかあるが，ディスティネーション・ロイヤルティという言葉が使用される場合がある。オッパーマン（Oppermann, M.）によれば，旅行目的地に対する忠誠心のことであり，このロイヤルティが高ければ，他の競合する観光地よりも優先的に旅行目的地を再訪したり，他の人に旅行目的地を推奨したりする観光客の意図と定義している。ユーン（Yoon, Y.）とウイサル（Uysal, M.）は，前述したディックらが指摘したロイヤルティの態度的側面と行動的側面の違いを議論しているものの，実証モデルでは，ディスティネーション・ロイヤルティの構成要素として，①知人・友人への推奨，②再訪への意向，の2つを想定して分析している。つまり，観光学におけるディスティネーション・ロイヤルティは行動的側面が含まれていないことがあるとしている。

2.3　観光客の満足度およびロイヤルティモデル

　観光学におけるロイヤルティを含めた満足度モデルの多くは，満足から観光地ロイヤルティに向けてポジティブな相関があることが示されている。フォーネル（Fornell, C.）は，顧客満足を累積的顧客満足と捉えた上で，消費者は財およびサービスの試用・取引体験を評価し，顧客ロイヤルティへ正の影響を及ぼすと指摘した。同様に，ペトリック（Petrick, J. F.）らによれば，旅行を通じて得た満足から直接的に再来訪意向へ正の影響を及ぼす関係にあることを示した。このように製品のみならず，サービスを主体とした観光においても，満足度が観光地ロイヤルティへポジティブな影響を及ぼすことが示されている。

　一方で，満足度を経由せずに何らかの要因が観光地ロイヤルティへと影響するモデルも想定されている。大方（2009）によれば，日本人旅行者に対して探索的調査を行った結果，旅行先へのリピーターは，①ファン型リピーター，②習慣型リピーター，③パズル完成型，④再チャレンジ型，⑤変化型，⑥行為リピート型，の6つのパターンに類型化されることが指摘された。パズル完成型とは，1度の旅行ではすべて見回ることが出来なかった場合，すべて見回るこ

とを目的に再び訪れるパターンである。再チャレンジ型とは，雨などの悪天候によって目的が達成できなかった場合，再度目的を達成するために目的地を再び訪れるパターンである。変化型は，同伴者や時期などを変化させて再び訪れるパターンである。習慣型リピーターと行為リピート型以外は，旅行先に対して不満でないことが前提となると指摘されているため，満足度を経由すると想定されているが，上述の2.1で述べたように，旅行の動機が①「慣れの解消」欲求，もしくは②「新奇性」の欲求，という2つの内面的な動機の場合は，満足／不満足にかかわらず再訪したり，再訪しなかったりすることが指摘されている。

　これまでの議論を包括すると，①観光を対象にした満足度を規定するモデルの多くが期待─不一致モデルを前提としていること，②観光を対象とした場合，観光地のイメージが期待水準ならびに知覚水準に大きく影響を与えること，③旅行全体に対する包括的な満足度評価が行われること，④観光目的地ロイヤルティに直接影響する要因は，旅行に対する期待感や期待と評価の差，全体的満足度以外に，達成感や心残りがあること，が明らかとなった。上記の議論を消費者行動論における購買意思決定モデルを考慮した上で作成したモデルが，**図表4-1**のモデルとなる。

図表│4−1　観光客の満足度およびロイヤルティモデル

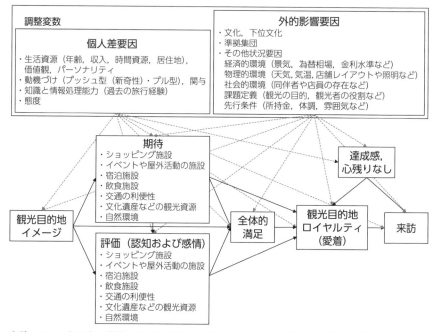

出所：Oliver（2009）の期待—不一致モデルおよびBlackwell et al.（2006）の購買意思決定モデルを
　　　参考に筆者作成。

3 │地域住民の満足度モデルとその影響要因

3.1　地域住民と満足/不満足

　地域住民の捉え方については，第4節で説明したい。本節では，地域住民を
細分化せずに，一般的に観光地に居住する住民が観光地を満足／不満足という
側面からどのように思っているのか，観光客と対比しながら検討していく。

　まず地域住民は，自ら住む観光地に対して，観光資源としての評価を行うと
同時に，生活基盤となるインフラとして評価を行う。水戸ら（2018）が福知山
鞘町で行ったアンケート調査では，地域住民は観光地化に対して「人口が減少

しているので，人が増えてほしい」「地域活性化として最適」とポジティブな意見が聞かれた一方で，「老若男女が楽しめる生活環境をまず整備すべき」「高齢化が進み，町としての機能が失われているため，もう少し早く政策を進めるべきだった」と住環境の改善を求める意見があったことが指摘された。山田ら（2006）が群馬県にある四万温泉地区の居住者および観光客にアンケート調査を行った結果，「自然環境・自然の豊かさ」「温泉および温泉施設」については居住者・観光客ともに高評価であった一方で，居住者の6割は「交通便」に不満，同様に「商店やスーパーの数や種類」に対して半数が不満，温泉以外の観光施設に対して不満と解答していることから，居住者の住環境・生活環境に不満を感じていることが明らかになった。また，四万温泉地区の人口推移は，調査年の5年前に比べて1割ほど減少傾向にあることが示された。このように，一部の地域住民は，観光地を観光地であると同時に住・生活空間であると認識し，それらの環境に対して改善を求める声もある。ただし，すべての観光地に住む地域住民が当該観光地の住環境に対して不満に思っているわけではない。居住空間と観光集積空間が重複している際に引き起こりうる問題である。

　次に，観光客が求めている地域資源と地域住民が想定する地域資源について確認したい。河藤（2010）によれば，高崎市の地域住民および同市を訪れた観光客に高崎市の魅力についてアンケート調査を行ったところ，地域住民と観光客の両方がふさわしいと思う観光行動は，「自然散策・自然体験」であり，地域住民がふさわしいと思っているのに観光客があまり求めていない観光行動は，「祭り・イベント」である。逆に観光客がふさわしいと思っているのに地域住民があまりふさわしいと思っていない観光行動は，「温泉」「文化・歴史探索」となった。また，観光客の人気は低いが地域住民の訪問が多い「みさと柴桜公園」をもっとPRすべきとの住民からの声があるのに対して，観光客は「市内交通の便数や駐車場の少なさ」「観光情報の少なさ」といった利便性の向上を求める声が多いと指摘された。このように，観光客が求めている地域資源と地域住民が想定するそれとは共通点と相違点があり，両者の認識の差異を埋めて，未注目の観光地を積極的にPRしていくことが求められると言及されている。

3.2　地域住民とロイヤルティ

　チェン（Chen, N. C.）とセゴタ（Segota, T.）によれば，都市・地域や観光地のブランディングにおいて，地域住民の①地域への満足，②地域との良好な関係性，③地域への愛着，④地域アイデンティティ，の確立によって，都市・地域と自己との一体化が起こり，地域住民自身が家族や友人だけでなく，旅行会社・旅行サイトなどのコミュニケーションチャネルを通じて肯定的なクチコミや観光活動へ参加したり，観光大使として行動したりするようになることが指摘された。このような地域住民による肯定的なクチコミや観光活動への参加によって，結果的に観光客の観光地ロイヤルティの形成を促すことが示唆されている。

　山口（2012）によれば，長野県小布施町を来訪する観光客に対してアンケート調査を行った結果，観桜施設や資源が豊富であることに加えて，観光施設に従事する従業員の感じの良い対応や住民との交流が再来訪したいという要因になったことが指摘された。観光庁（2010）の調査結果においても，一部の観光客にとって，地域とのつながりが再来訪意向を向上させることが示唆された。

　つまり，地域住民自身が観光地に対して愛着や地域アイデンティティを確立することによって，地元の観光活動に対して積極的に参加し，観光客と交流するようになり，結果的に観光客の再来訪意向の向上に貢献できるのである。

4 ｜ 地域住民とは

4.1　地域住民の捉え方

　ここでいう地域住民とは，観光地に居住する人物を指す。当然ながら，地域住民全員がその地域での観光業や観光客に対してポジティブな態度を持っているわけではない。いくつかの研究では，地域住民がおかれている状況や環境によって観光地に対する態度に温度差があることが示されている。

　リベイロ（Ribeiro, M. A.）らは，観光によって利益がもたらされると認識している地域住民と，その利益を享受できない地域住民とでは，居住地である観

光地に対する評価や意見が異なってくることを指摘した。石井（2017）も同様に，奈良県明日香村の観光地化への動きに対する住民への聞き取り調査を行った結果，観光に従事したり，収益を得たりした住民は積極的に観光客を受け入れる意識や行動を行う。その一方で，観光に関わりのない地域住民は，難色を示したり，不満を持ったりすることが指摘された。さらに，古都保存活動を行っていた住民は，観光地整備に批判的な態度を示すだけでなく，対立的な立場をとるケースも見られたと指摘した。

　公益財団法人日本交通公社が2011年に鳥羽市・登別市・安曇野市の3都市で行った住民意識調査では，地域住民が住む居住エリアと宿泊施設や観光施設がある観光エリアとが混在しているのか／分離しているのかによって，あるいは住民と観光客との交流の有無によって住民の態度が異なることが示された。具体的には，鳥羽市の住民は，観光関連産業に従事する割合が多いことから，観光客に対しては比較的良い印象を持っている。しかし，居住区間と観光集積空間が混在しているため，観光関連産業には良い印象を持っておらず，住みやすさや居住継続意向は低いと述べられている。他方，登別市の場合，居住空間と観光集積空間は分離されているため，住民と観光客との接点がほとんどなく，住民は観光客に対してあまりよく思っていない。また住みやすさに関しては比較的満足度が高く，居住継続意向も高いと指摘された。安曇野市の場合，登別市と同様に，居住空間と観光資源は分散しているため，住みやすさに対する満足度は高く，居住継続意向が高い。しかし，登別市と異なり，安曇野の自然や雰囲気を楽しみに訪れる個人客が多く，住民と観光客との接点があることから，安曇野市の住民は観光客を歓迎する傾向にあると示された。このように，居住空間と観光集積空間との密接度，住民と観光客との交流の度合いによって，観光産業や観光客に対する態度が異なることが明示された。

　アップ（Ap, J.）は，上記の現象について，社会的交換理論を用いながら，観光地化によって発生する知覚コストよりも上回る利益を得るような交換がなければ，地域住民は地元地域の観光化に対して否定的に捉え，他方で，彼らが利益を得ていると感じた場合は，肯定的に捉えることを示唆した。丸山（2019）も同様に，地域住民の観光に対する態度が前向きになるかどうかは，観光によって地域住民自身が受けるコストとベネフィットの評価によって左右される

ことが示された。しかし，ランクフォード（Lankford, S. V.）とハワード（Howard, D. R.）は，経済的側面によるベネフィット／コストだけでなく，社会的側面と環境的側面を加えて考察すべきであると主張した。例えば，社会的側面によるベネフィットとは，①地域の伝統文化の継承や保存活動，②観光による地域への誇りの強化，③コミュニティの再活性化，④グローバリゼーションを通じた新たな文化を知る機会の増加，などが挙げられる。それに対して，社会的側面によるコストとは，例えば，①治安悪化や犯罪の増加，②公共交通機関や商業施設の混雑，③地価や家賃等の上昇，などが考えられる。環境的側面のベネフィットの例としては，①自然や歴史的建造物の保全／保護，②環境への価値の理解度向上，③自然を利用したレクリエーションの推進，などがある。一方，環境的側面のコストとは，①環境破壊や汚染，②歴史的建造物の破壊，③騒音やゴミ放置の増加，④環境収容力の超過，などが挙げられる。オーバーツーリズム，もしくは観光公害という言葉があるが，これは観光振興政策の結果，地域住民の立場から見て，プラス効果以上に様々な弊害を生み出し，損害を受けるような状態を指す。権（2018）によれば，オーバーツーリズムによる弊害によって，地域住民の生活に不便をもたらし，地域住民が当該地域を離れざるを得なくなる状況に発展していく恐れがあると指摘している。

　住民の観光地に対する態度に影響する要因は他にもある。丸山（2020）によれば，観光地としての成熟ステージによっても住民の態度は変わるとされている。比較的新しい観光地ほど，地元の観光地化への住民の態度は前向きであり，観光地がある程度成熟してくると，観光地化による住民生活への悪影響が目立ち，結果的に反転に転じる可能性があると指摘された。

4.2　地域住民とよそ者・Uターン・Iターン

　上田・郡山（2016）は，地域づくりには地域住民の主体的な関わりが不可欠であるとした上で，硬直化した地域社会においては，新たな外部支援，例えばよそ者のような，従来関係者でなく，地域とのしがらみのない立場からの問題解決の提案が必要であると説いた。その上で，上田らは，人が行動を変える行動変容として，①無関心期，②関心期，③準備期，④実行期，⑤維持期，の5つのステージがあるという行動科学理論を援用しながら，地域住民が地域づく

りに関わる行動変容にもこの理論が当てはまると仮説を立て，よそ者が地域づくりに携わる中で，地域住民の行動変容ステージがどのように移行していくのかを検証した。その検証方法として，平成22〜26年の計 5 年間にかけて北海道寿都群寿都町に滞在し，地域づくりの活動に関わっていた20人を対象に半構造化インタビューを用いた質的調査を行った。その結果，よそ者による主体的な活動や地域住民との相互作用によって，当初は地域資源の発掘やまちづくり活動に無関心であった地域住民に，地元への愛着や誇りが芽生え，観光活動へ積極的に参与する地域住民が増えていったことが明らかとなった。インタビューを受けた地域住民の中には，一度地元から都会に出た住民が再び地元に帰ってくるUターンや，もともと地元でない人が移住してきた I ターン経験者も多くいた。彼らは当初から地域づくりに関わっており，よそ者のような外部の視点を持った地域住民の存在が多く携わっている場合があることが示された。ただし，もともと住んでいた地域住民の中でも，当初は地域づくりに無関心で，よそ者に対して冷めた目で見ていた住民が，よそ者との相互作用の中で地域づくりへの責任ややりがいを認識し，積極的に地域づくりに参画するよう行動変容したケースもあれば，逆に，仕事として観光協会に所属し，当初から地域づくりに積極的に携わったが，活動があまりうまくいかずに次第にモチベーションが低下したケースもあった。同様に，Uターンや I ターン経験者の中でも，当初から地域づくりに関心を持ち，積極的に関わる住民がいる一方で，当初は関心を持っていたが，コミュニティに対して不満が蓄積し，最低限の関わりしか持たなくなった住民もいることが明示された。

　敷田（2009）は，よそ者効果を，①技術や知識の地域への移入，②地域の持つ創造性の惹起や励起，③地域の持つ知識の表出支援，④地域や組織の変容の促進，⑤しがらみのない立場からの問題解決，の 5 つであるとし，この効果が複合的かつ同時に起きることを示唆した。ただし，敷田は，よそ者を活用した地域づくりの成功例が数多く報告されていることを認めつつも，単によそ者を取り入れれば，地域に利益がもたらされるというわけではないことを指摘している。その理由として，①よそ者が自らリスクを負うことは少なく，地域に多大な損失や負担をもたらしたとしても，よそ者は有限責任しか負わないこと，②一般的に，よそ者は第三者的なアドバイスに陥りがちであり，そのアドバイ

スが地域の実情を認識した適切なアドバイスかどうか保障できないこと，③専門化としてよそ者が招聘される場合，地域側がその助言に盲目的に追従しやすい，ことが言及された。むしろ，敷田は「地域内よそ者」の重要性について説明している。地域内よそ者とは，地域に居ながら他者の視点を持てる人のことを指す。例えば，地域を一旦出ることで外部者の視点を持った住民や，地域内に住みながら外部者との接触で異質な他者視点を持つに至った住民のことを指す。上記で示したＵターンやＩターンで移住した住民もその中に含まれる。ただし，上田・郡山の研究結果が示すとおり，ＵターンやＩターンのような地域内よそ者であれば，上手くいくとは限らない。

　よそ者や地域内よそ者との相互作用の中で，観光や観光客に対して自ら主体的に関わる住民を増やしていくことが必要になると考えられる。

5 | 地域住民・観光客の満足・ロイヤルティ

5.1　異業種混交の有志団体による地域づくり

　前節では，自ら主体的に地元の地域づくりに参加する住民を増やしていくことの重要性について言及した。それを解くヒントとして久保田・小林が行った事例研究がある。久保田・小林（2010）は，日本に点在する40カ所の活発な動きの見られる温泉地へ取材し，その中から特に参考になる11カ所の元気な温泉地事例に見られた共通点を整理した。住民が地域づくりに参加するようになったきっかけの共通点として，①観光客の減少や旅館・商店の倒産といった目に見える衰退に対して「これでいいのか？」という前向きな姿勢や気づきから始まったこと，②"この指とまれ方式"などで異業種混交の有志団体を立ち上げ，複数回に及ぶ検討会議や清掃活動など身体を使った行動を経験したこと，③従来の発想にとらわれない，新しい視点や手法，考え方に変えたこと，④来訪者，地元の仲間や知人，家族を楽しませたいという強い気持ちを持っていること，の４つを挙げた。さらに，久保田らは旅行市場全体の動きに先行して行動し，影響力を持つと想定されるオピニオンリーダーに対して行われたアンケート調査をまとめている。その結果，オピニオンリーダーの旅行計画における今後の

志向として，①宿志向・滞在志向が強いこと，②海外旅行経験が日本文化回帰を促すこと，③地域への思いが観光資源になること，の 3 点が指摘された。特に③について，オピニオンリーダーは，「ここにしかないものがある」「独自の世界観がある」というものを支持し，彼らが感性を働かせて旅行を楽しんでいる様子や，それを伝えたがっている姿がうかがえることが指摘された。ここでいう独自の世界観とは，例えば，北海道であれば「大自然の中で生活している人たちのたくましさや優しさ」「自然と人間の共存するアイヌ文化が残っている素晴らしさ」など，地域の人が守ろうとする地域独自の歴史・文化やストーリー，ライフスタイルのことである。また「地域の人々が彼らの地域を良くするために頑張っている姿に惹かれる」というコメントがいくつもあり，地域のために努力すること自体が人を惹きつける魅力になり，その姿に共感した観光客も一緒に学び合うことが，今後の観光の新たなコア価値になっていくと示唆した。さらに，久保田らは，再生力という観点から各温泉地事例を見直すと，各地で起こったことは，①推進主体が強くなった，②関係者が自信を持った，③内外に支持者が増えた，という共通点があると言及した。

　旅行者サイドの志向の変化に対応すると同時に，観光地が持つ独自の魅力を創造していくことは，温泉地に限ったことではなく，すべての観光地にいえることである。事例に見られた温泉地の再生の原動力やプロセスは参考になるはずである。また，取材した事例の中でも，U ターン・I ターン者が地域の魅力を発見し，伝える原動力になったケースが多いことを指摘している（久保田・小林 2010）。

　では，上記以外の方法で地域資源の見直しをすることは可能だろうか。その手法として地域アイデンティティの形成が挙げられる。

5.2　地域アイデンティティ

　まずアイデンティティとは，変化の中にあって，斉一的・連続的な機軸と解される（見田ほか 1994）。また，ブコルツ（Bucholtz, M.）とホール（Hall, K.）によれば，アイデンティティは，他者との行為を通じて各人が言説によって構築した，客体的な状態ではなく，動的かつ現象的に相互作用の過程で形成されるものと定義される。

　中野・高梨（2019）によれば，地域アイデンティティとは，地域の個性・価値として地域関係者に共感・共有される地域に関する固有の要素であり，歴史・伝統・文化・風習のもと，時間の流れや空間の変化の中で，価値観が変化していく進行形の概念であると定義した。

　佐々木（2009）は，地域に暮らす住民が存在感を高め，相互作用の主役となることで，そこで生活しているからこそその「気づき」と共有の連鎖の中で創発的に育まれることで，地域アイデンティティが確立されると明示している。それは地域住民だけにとどまらずに，地域への来訪者が言動などによって地域アイデンティティを形づくる「気づき」と共有の連鎖に加わることで，地域住民に様々な「気づき」を誘発すると指摘している。

5.3　統合的モデル

　地域住民と観光客の満足・ロイヤルティモデルの構築する上で，参照すべきモデルが3つある。

　1つ目が，第2節で示した観光客の満足度およびロイヤルティモデルである。観光客は，観光地イメージより観光地にある各観光資源に対して期待する。期待した観光資源の評価と実際に経験して知覚した認知的および感情的評価との差によって各観光施設と観光に対する包括的な満足度が形成される。そして，満足を経由した／非経由による観光目的地ロイヤルティの形成が引き起こされ，最後に再訪へとつながるのである。これらの一連のプロセスにおける調整変数として，個人差要因と外的影響要因を想定している。このモデルは，観光における満足・ロイヤルティモデルであり，地域住民の要素は含まれていない。

　2つ目が，第3節で言及した地域住民とロイヤルティの関係である。地域住民の①地域への満足，②地域との良好な関係性，③地域への愛着，④地域アイデンティティ，の確立によって，都市・地域と自己との一体化が起こり，地域住民自身が家族や友人だけでなく，旅行会社・旅行サイトなどのコミュニケーションチャネルを通じて肯定的なクチコミや観光活動へ参加したり，観光大使として行動したりするようになるのである（図表4-2）。

　このような地域住民による肯定的なクチコミや観光活動への参加によって，結果的に観光客の観光地ロイヤルティの形成を促すことが示唆された。つまり，

観光客と地域とのつながりといった新たな観光資源要素や肯定的なクチコミ発信活動によって，結果的に観光客の観光地に対する態度的ロイヤルティが形成されることが明示された。

　３つ目が，第４〜５節で議論された異業種混交による有志団体による地域づくりや地域アイデンティティの確立を含めた議論である。**図表４−２**で地域住民の活動によって観光を促す流れが生み出されることが示された。しかしながら，その一方ですべての地域住民が地元の観光に対して前向きにとらえているわけではない。地域住民の中には，地元の観光地に対して無関心ないし後向きに感じている層も存在する。4.1で示したオーバーツーリズム，もしくは観光公害によって生活が脅かされている地域住民はその典型例である。そうした住民を理解し，彼らに対して十分な説明や対応を行うことが求められる。

　またオピニオンリーダーや観光客が求める地域づくりには，従来の発想にとらわれない新しい視点や手法，考え方に基づく地域資源開発が求められる。その際に，よそ者や地域内よそ者の視点が必要となる。そのような従来の発想にとらわれない新しい視点や発想に基づいた試行錯誤を繰り返すことで，地域独自の地域アイデンティティが確立されていく。このように，よそ者や地域内よそ者を含めた地域住民による異業種混交の有志団体の活動によって，地域づくりの推進主体が強くなり，観光産業従事者が自信を持ち，観光関連産業従事者や観光客に支持者が増えていくと想定されている。この一連のプロセスについて，梅川ら（2012）によって示されたモデルを参考にしながら，地域住民の地

図表｜４−２　**地域住民とロイヤルティの関係**

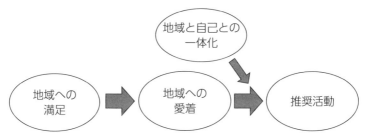

出所：N.C. Chen and T. Segota（2015）. "Resident Attitudes, Place Attachment and Destination Branding a Research Framework," Tourism and Hospitality Management, 21（２）, 145-158. をもとに筆者作成。

域づくりの原動力やプロセスを示したモデルが**図表４－３**である。梅川らが示したモデルは，行政・観光推進団体（観光協会など）・観光関連産業従事者が主体となって地域住民や観光客に働きかける考え方である。ここでいう観光関連産業従事者は，旅館やホテル等の宿泊業，鉄道，バス，タクシーなどの運輸業，観光施設，土産物販売等の小売業，飲食業店などに従事する人々を指す。これまで通り，観光振興の担い手である彼らが主体的に働きかけ，観光事業の活性化に寄与する取り組みは必要であろう。しかし，今後は従来の取り組みに加えて，前向きかつ主体的に活動可能な地域住民や農業協同組合・漁業協同組合，商工会など，多様な主体やその混交団体との連携・協働が地域創生には必要不可欠となる。地域住民を交えた異業種混交の有志団体から主体的に観光関連産業従事者や行政に働きかけて，観光客へとアプローチする方法も今後は期待される。この地域住民を交えた異業種混交の有志団体による取り組みには様々なものがある。例えば，DMO（第２章参照）や第11章の仲田氏のようにワイン産

図表｜４－３　**地域住民主体の地域づくりの原動力とプロセス**

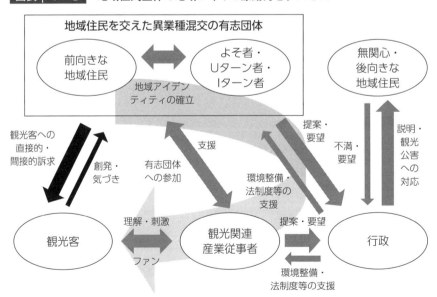

参考：梅川・吉澤・石山・福永・後藤（2012）p.29のモデルを参考に筆者作成。

業の振興を通じた農商工連携などによる地域資源の発掘・観光資源化などの取り組みなどである。前向きな地域住民などを交えた有志団体の活動を通じて，これまでにない新たな地域アイデンティティの確立や創出につながり，その結果として，最終的に観光客や地域住民の観光に対する満足やロイヤルティの向上が期待できよう。

◆ 参考文献

Ap, J. (1992) "Residents' Perceptions on Tourism Impacts," *Annals of Tourism Research*, Vol.19（4）, pp.665-690.

Blackwell, R.D., Miniard, P.W. and Engel, J. (2006), *Consumer Behavior*, 10th ed., Thomson.

Bucholtz, M. & K. Hall (2004) "Language and identity," In A. Duranti (ed.), *A companion to linguistic anthropology. Malden*, MA: Blackwell, pp.369-394.

Chen, N. C. & T. Segota (2015) "Resident Attitudes, Place Attachment and Destination Branding a Research Framework," *Tourism and Hospitality Management*, 21（2）, pp.145-158.

Dick, A. S. & K. Basu (1994) "Customer Loyalty: Toward an Integrated Conceptual Framework," *Journal of Academy of Marketing Science*, 22（2）, pp.99-113.

Fornell, C. (1992) "National Customer Satisfaction Barometer : The Swedish Experience," *Journal of Marketing*, 56（1）, pp. 6 -21.

Lankford, S. V. & D. R. Howard (1994) "Developing a Tourism Impact attitude Scale," *Annals of Tourism Research*, Vol.21（1）, pp.121-139.

Neal, J. D. & D. Gursoy (2008) "A Multifaced Analysis of Tourism Satisfaction," *Journal of Travel Research*, 47（1）, pp.53-62.

Oliver, R. L. (1999) "Whence Consumer Loyalty?," *Journal of Marketing*, 63 (Special Issue), pp.33-44.

Oliver, R. L. (2009), *Satisfaction: Behavioral Perspective on the Consumer*, 2nd Ed., M.E.Shape.

Oppermann, M. (2000) "Tourism Destination Loyalty," *Journal of Travel Research*, 39, pp.78-84.

Peter, J. P. & J. C. Olson (2008) *Consumer Behavior & Marketing Strategy* (8th ed.), McGraw-Hill; Irwin.

Petrick, J. F., Morais, D. D., & W. C. Norman（2001）"An Examination of the Determinants of Entertainment Vacationers' Intentions to Revisit," *Journal of Travel Research*, 40（1）, pp.41-48.

Ribeiro, M. A., Pinto, P., Silva, J. A. & K. M. Woosnam（2017）"Residents' Attitudes and The Adoption of Pro-Tourism Behaviours : The Case of Developing Island Countries," *Tourism Management*, Vol.61, pp.523-537.

Yoon, Y. & M. Uysal（2005）"An Examination of the Effects of Motivation and Satisfaction on Destination Loyalty: A Structural Model," *Tourism Management*, 26（1）, pp.45-56.

石井佑紀（2017）「奈良県明日香村における観光の進展と住民意識の変化 —"飛鳥問題"を契機として—」『立教観光学研究紀要』第19号，pp.71-72。

上田裕文・郡山彩（2016）「地域づくりに関わる住民の行動変容プロセスとよそ者の役割」『農村計画学会誌』第35巻第3号，pp.398-403。

梅川智也・吉澤清良・石山千代・福永香織・後藤健太郎（2012）「温泉地における住民意識等に関する基礎研究　～住民，観光関連産業従事者，観光客の望ましい関係に関する一考察」『自主研究レポート 2011/2012』日本交通公社，pp.23-29。

大方優子（2009）「旅行先への再訪行動に関する研究 —再訪行動が生起する過程について—」『第24回日本観光研究学会全国大会学術論文集』pp.214-244。

大橋昭一（2009）「最近における観光客満足理論の諸類型:観光経営理論の基本概念の考察」『關西大學商學論集』第54巻第1号，pp.49-64。

小原満春（2013）「観光旅行者によるリピート来訪行動と観光地満足の関係性」『地域産業論叢』第11号，pp.1-21。

小野譲司（2010）「JCSIによる顧客満足モデルの構築」『マーケティングジャーナル』第30巻第1号，pp.20-34。

河藤佳彦（2010）「地域協働による観光振興の可能性に関する考察 —群馬県高崎市の取組み—」『地域政策研究』第13巻第1号，pp.1-21。

観光庁（2010）『観光地の魅力向上に向けた評価手法調査事業報告書』観光庁観光地域振興部観光地域振興課，pp.1-115。

久保田美穂子・小林英俊（2010）「温泉地の再生に関する実践事例研究」『自主研究レポート 2009/2010』日本交通公社，pp.45-50。

公益財団法人日本交通公社（2013）「住んでよし，訪れてよしの観光地づくり」『観光に対する住民意識に関する研究』6月発行，pp.1-20。

権俸基（2018）「グローバル観光の振興とオーバーツーリズム」『広島文化学園大学ネットワーク社会研究センター研究年報』第14巻第1号，pp.45-54。

佐々木壮太郎（2009）「創発的評価基準としての地域アイデンティティ：観光におけるブランド化再考」『観光学（設置記念）』pp.127-138。

敷田麻実（2009）「よそ者と地域づくりにおけるその役割にかんする研究」『国債広報メディア・観光学ジャーナル』第９号，pp.79-100。

高柳長直・ドウエミ・木村健斗・竹内重吉（2017）「六次産業化と農村空間の商品化―京都府和束茶を事例に―」『日本地理学会発表要旨集 2017s』。

電通abic project編（2009）『地域ブランドマネジメント』有斐閣，p.4。

中野宏幸・高梨博子（2019）「日米アジアの観光都市におけるインバウンド旅行者との対話的交流による地域アイデンティティの形成に関する研究」『交通学研究』第62号，p.70。

丸山奈穂（2019）「住民の観光事業への参加に関する考察：参加への利益・不利益の分析を通して」『地域政策研究』（高崎経済大学地域政策学会），第22巻第２号，pp.31-42。

丸山奈穂（2020）「観光地のライフサイクルと地域住民への影響」『地域政策研究』（高崎経済大学地域政策学会），第22巻第３号，pp.１-20。

見田宗介・栗原彬・田中義久（1994）『社会学辞典』弘文堂。

水戸勇輔・加藤史弘・多田翔哉・平松幹広・新林智典（2018）「福知山鞘町における重要伝統的建造物群保存地区の現状と課題 ―行政・地域住民・観光客の視点から―」『地理学報告』第120号，pp.47-53。

山田桐子・宮崎均・今野泰敬・吉田佐智子（2006）「温泉街におけるまちづくりに関する研究　その２：居住者および来訪者意識を基に」『日本建築学会大会学術講演梗概集（関東）』pp.917-918。

山口一美（2012）「観光地における再来訪を促す要因の検討：長野県小布施町に焦点を当てて」『生物科学研究』第34号，pp.59-69。

山本契太（2009）「ニセコエリア周辺の観光開発と景観保全の共生」『自治研報告書集北海道自治研』。

日本政府観光局（JNTO），統計データ，訪日外客統計（報道発表資料）（https://www.jnto.go.jp/jpn/statistics/data_info_listing/pdf/190116_monthly.pdf）（2019年10月２日アクセス）

第5章

地域創生と「コト」ベースのブランディング

陶山計介

　本章では，地域・都市における「まち」「ひと」「しごと」の好循環を実現していくためには，「体験」を通じた価値創造とブランド・コミュニティの構築が重要であることが示される。

　地域の住民・企業・団体・組織と観光客・来街者が連携しながら期待する日常世界および非日常世界のブランド資源を発見し磨きをかけ，それらを固有のアイデンティティに基づいたストーリーを活用する「コト」ベースでのブランディング。これが地域の魅力をもたらし，その競争力を高める鍵となる。

1 ┃ 地域創生と地域クラスター

1.1　地域創生における「まち・ひと・しごと」

　21世紀は「地方の時代」といわれ，「地方創生」や地域の再生は国政における重要な柱の一つとなってきている。2014年9月3日の閣議決定で，「まち・ひと・しごと創生本部」も設立された。人口急減・超高齢化という日本が直面する大きな課題に対して，各地域がそれぞれの特徴を活かして地方から自律的で持続的な社会を創生する，「しごと」が「ひと」を呼び，「ひと」が「しご

と」を呼び込む好循環を確立し，「まち」に活力を取り戻すことがその目的である（「まち・ひと・しごと創生総合戦略 ―概要―」）。

とはいえ，「しごと」と「ひと」の創生について言えば，包括的創業支援，地域を担う中核企業支援，新事業・新産業と雇用を生み出す地域イノベーションの推進などが実際に地域産業の競争力の強化につながらなければ，地方に「しごと」をつくり，安心して働ける地方移住の推進や企業の地方拠点強化，企業等における地方採用・就労を拡大することもできない。また「まち」の活性化も，中心市街地等の活性化一つをとっても大型商業施設の郊外立地や駐車場問題などその原因が深掘りされておらずなかなか実現は難しい。

1.2　産業集積と産業クラスター

第1章で見たように，地域創生を考えるにあたって有益な概念は，産業の集積やクラスターであった。

産業集積は，「1つの比較的狭い地域に相互関連の深い多くの企業が集積している状態」（伊丹ほか 1998）であるが，①ある程度限定された空間に多数の組織が立地，②当該組織間に何らかの関連性・（取引）関係性が存在している，③集積の経済性を享受できる，ということが産業集積の要件でなければならない（西村 2016）。

産業クラスターは，Porter（1998）によれば，「地理的に近接した」企業の集合体である。それが存立するためには次の4つの条件が必要である。

①要素（投入資源）条件：天然資源，人的資源，資本，社会的インフラなど

②関連企業・支援組織：原材料や部品の提供，生産プロセスの委託＋物流，
　　　　　　　　　　　　販売・流通，サービス

③企業間の適度な競争の存在：コスト削減や差別化をもたらす

④需要条件：十分な量のしかも知識や経験を持った消費者・ユーザーの存在

これらの考え方に共通しているのは，産業を中心とする協働や創発によるイノベーションである。第1に，「ネットワークの外部性」ということで，ネットワークにおける位置（中心性など）や関連性とそれに伴う情報や知識の流れが重視され，第2に，協働や知識の「移転」と「流通」が「創発」やイノベーションに結びつくこと，第3に，組織能力が高まること，が強調されている。

　他方で問題点としては，第1に，産業，しかも供給サイドにウエイトがおか
れ，需要サイドとの連関が十分には組み込まれていない。第2に，産業関連以
外の幅広い機関，団体，さらに当該地域の住民やその組織などとのネットワー
クという観点が弱いことが指摘できる。

1.3　地域クラスターと創生の課題

　地域視点からのネットワークの形成という側面を強調している考え方が「地
域クラスター（Regional Cluster）」である。それは「共通の技術，技能で連結
している地理的に近接する，特定分野の相互に関連した企業と関連する機関の
グループ」で，最終製品やサービス以外に資源，部品，機械，サービスを提供
する企業群，金融機関，下流の産業や補完的製品の製造企業，訓練用教育，情
報・研究・技術的支援を行う政府および他の機関が含まれる。
　坂田・梶川・武田・柴田・橋本・松島（2006）によれば，そこでは，①地理
的に近接した範囲内に，産学官の関連し互いに補完する行動主体が集まってお
り，②その集団の中にノウハウや知見，標準，生産技術といった価値あるもの
が蓄積されており，③集団内に，競争と緊張関係を維持しつつ，情報の流通・
融合と柔軟な協働を効率化するネットワークが発達している。
　地域クラスターは，地域内で機会と脅威を共有しながら競争と協調が活発に
行われるイノベーション・システムであるが，産業・工業や企業を必ずしも中
核としない点が産業クラスターと異なる。ここでの協調とは，情報の交換や共
有，イノベーションの方向性の共有といった緩やかなものから，共同学習，人
材，技術，アイデア等の経営資源を持ち寄ることによる共同事業という一体化
の程度の高いものまで，その内容には幅がある。
　とはいえ，この地域クラスター論は次のような問題点を持っている。第1に，
地域内外の関係性という視点が弱い。地域内の集団によるネットワーク構築に
焦点が置かれるあまり，当該地域外のクラスターとの関係性，とりわけ競争・
対抗関係における競争優位ないし競争劣位というポジショニングが明確に意識
されていない。産業クラスター論では地域を越えたオープンなネットワークが
議論されていたのとは逆に，地域クラスター論ではクローズドなネットワーク
にとどまっている。第2に，地域内に目を向けたとしても，イノベーションに

よる競争力の強化を具体的に進めていくためには，地域を構成する上で不可欠なステークホルダーの連携と協働がどう進むのか，そしてそれが地方創生に欠かせない「まち」「ひと」「しごと」の好循環にどのように結びつくのかが明らかにされていない。第3に，産業集積・産業クラスター論も同様であるが，「まち・ひと・しごと創生総合戦略（2016 改訂版）」にある，地域の魅力のブランディング（ローカルブランディング）の観点がない。

　産業集積・産業クラスター論，地域クラスター論で提起されたイノベーションを実現するためにも，地域内外のネットワーク構築や競争，マーケティング，さらにブランディングという考え方を導入しながら地域創生を実現することが求められている。

2 ｜ 地域のマーケティングにおける顧客体験

2.1　地域のマーケティングのフレームワークと創生の課題

　地域の創生や活性化，まちおこしが求められるようになった背景には，人口減少と地域経済縮小の悪循環，東京一極集中に加えて，2020年初めより世界中で猛威を振るっている新型コロナ感染症（COVID-19）の拡大，訪日外国人の旅行需要の消失という厳しい環境の中で，観光客や旅行者の獲得，定住・交流人口の増大，企業や事業所，工場の誘致，産品や銘品の販売促進などをめぐる地域や都市の間での競争が激化していることがある。

　ここで登場したのが，他の地域に対する競争優位の構築や差別化を目的とする地域のマーケティングに他ならない。衰退ないし低迷した地域を再活性化する際に有効な手法の一つとして欧米で早くから注目されてきたのが，地域の開発やプロモーション活動であった。地域のキャンペーンを効果的に展開することでそのイメージを高め，観光の振興，文化の発展・向上，企業誘致をはじめとする経済成長に貢献しようというものである。

　それに対して，地域における利害関係者＝ステークホルダーの間での「価値の交換（value exchange）」を通じて地域を再生＝再活性化し，それらの競争力を高めるための理論スキームが地域のマーケティングである。コトラー（Kotler,

P.）らによれば，それは財政破綻，インフレ，失業，通貨危機，地場産業の衰退といった経済問題だけでなく，文化，歴史遺産，教育など多くの問題に直面している地域を窮状から脱却させる手段となる。

　具体的には，次のようなマーケティング計画が策定・実施される。①地域コミュニティのアイデンティティ，「まち」「ひと」「しごと」のそれぞれの次元での潜在力や競合する地域と比べたポジショニング，②地域を構成するステークホルダーの"誰に対して"マーケティングを展開するかというターゲティング，③地域内外に提供される価値である製品・サービスなどの適切なミックスのデザイン，④そうした製品・サービスの品質やパフォーマンスに対するコストないし価格の設定，⑤地域内外の潜在顧客への製品・サービスの効率的な流通チャネルの決定や魅力的なインセンティブの提供，⑥地域の製品・サービスの効率的・効果的な提供，⑦見込み顧客や将来の利用者への地域の価値やイメージのプロモーション，コミュニケーションである（Ashworth & Voogd 1990, Kotler, Haider & Rein 1993, Ward 1998）。

　これらの地域マーケティング戦略の枠組みは，基本的に製品・サービスの販売を通じた顧客満足を主な内容とするマーケティングのスキームを，空間および機能からなる地域の生活・経済・社会・文化の領域に応用しようという考え方に他ならない。

2.2　地域のマーケティングにおける新たなパラダイム

　しかし，地域マーケティングは単なるキャンペーンでも，地域の価値やイメージをプロモーションするだけでもない。それは，地域内外における多様な価値を包括的かつ的確にマネジメントすることである（陶山 2017）。その場合，注目すべき新たなパラダイムは次の２つである。

　第１は，地域を関係性＝リレーションシップやネットワークとして捉えることである。リレーションシップ・マーケティングとは，「信頼と委託，調整と妥協，社会性と革新をキー・コンセプトにし，企業とそれを支援するステークホルダー（顧客，従業員，サプライヤー，ディストリビューター，小売業者，広告代理店，科学者など）との関係強化や戦略的提携という関係づくりによってトータルな顧客満足の追求や顧客問題の解決をめざそうとする試み」（陶山 2002）

に他ならない。地域は，そのステークホルダー間でリレーションシップやネットワークを形成しながら一つのコミュニティとして独自のアイデンティティを構築し，このコミュニティのパワーで地域間競争にも立ち向かうことになる。

　第2に，そうした関係性＝リレーションシップやネットワークとしての地域を結びつけ，信頼や調整などをもたらす紐帯として注目されているのが，「顧客体験」である。Tavsan & Erdem（2018）によれば，現代は「関係性の時代」から「体験の時代」へと移行しつつあるといわれるほどである。顧客は「時間をかけて一連の思い出に残るイベント」（Pine & Gilmore 1998）や体験を購入・消費しようとするようになっている中で，製品・サービスが「ハード」として持つ機能や利便性はコモディティ化し，差別化が難しくなってきた。他方，趣味，嗜好やライフスタイル，また位置や行動，購買履歴など各種の個人情報の取得を通じて顧客ないし潜在顧客を個として認識しながら，製品の「ソフト」要素やサービスにおける「特別さ」を提供することが容易になった。顧客が求めかつ共感する“体験”や“価値”，それらがビジネス分野だけでなく，地域のマーケティングにおける原動力となってきたのである（陶山 2021）。

　冒頭で見た「まち・ひと・しごと創生総合戦略」で挙げられている人口減少克服・地域創生のための「地域の特性に即した地域課題の解決」も，それら若者を含む住民が求め共感する“体験”や“価値”になるかどうか，そして彼らが地域でコミュニティのメンバーとしての自覚を持ち，絆や関係性の構築に共鳴するかどうかが鍵となる。

2.3　地域創生における価値共創

　地域におけるそうした“体験”を通じた“価値”は，企業や自治体などから生活者や住民に対して一方的に提供されるのではなく，地域を構成するステークホルダーが主体的に価値創造に関与する中で形成される。

　Vargo & Lusch（2004）は，伝統的なモノを中心としたマーケティング概念をグッズ・ドミナント・ロジック（G-Dロジック）と名付ける一方，サービスを中心に置く交換についてサービス・ドミナント・ロジック（S-Dロジック）を提唱した。G-Dロジックでは，企業が主導者となってその中に価値が埋め込まれたモノ＝財を生産し，顧客に提供する。企業が価値を決定し，顧客はそのモ

ノ＝財を消費することを通じてそれに内在化している価値を受容する。その際，価値の尺度は交換価値である。それに対してS-Dロジックでは，サービスが交換の中心であり，顧客は常に価値の共創者である。そこでの価値の尺度は使用価値や文脈価値になり，企業は価値の提案者に過ぎない。モノに価値を埋め込み，価値を決定するのは消費者である。そこでは価値共創（cocreation of value）が行われている（Vargo & Lusch 2004）。

　例えば，鹿児島県霧島市にある坂元醸造が販売しているくろず（黒酢）は，1800年代の江戸時代後期に福山町で始まった世界でも類を見ない独特の製法で造られている。蔵でもなく工場でもなく，“壺畑”で造られるこのくろずは，蒸し米，米麹（こめこうじ），地下水の３つを原料として自然に糖化し，アルコール発酵，酢酸発酵，熟成したものである（坂元醸造HP）。

　しかし，独特の香りとコクがあり味もまろやかなこのくろずも，ドリンクとしては酸っぱさや鼻をつく匂いなどのためそのままでは飲みにくい。このような苦手意識を持つ消費者に対して坂元醸造はハチミツ，リンゴジュース，炭酸割りといったレシピも提案している。ただ，そこからさらに進んでミルクティーやオレンジジュース，サイダーなどと組み合わせ，ゲーム感覚でそれらを飲み比べるという提案を通じてくろずを身近な飲み物にすればもっと飲用習慣化も期待できるかもしれない。くろずの持つダイエットや美容・健康に良いという効果や効能という価値もさることながら，組み合わせの持つバラエティ効果と面白さ，親近感を持てる飲み物という新たな価値が生まれたり，あるいは衰退の危機にあった坂元のくろずの伝統を守り続ける職人たちの熱い志に感動する「共感の飲み物」という価値も形成されよう（JR西日本「ユニバーシティカレッジ南九州」関西大学陶山ゼミナール28期生報告，2016年12月20日）。ここで共創されるくろずの新たな価値は，「モノ」としてのお酢そのものではなく，その受け手の消費生活シーンに埋め込まれた「コト」としての再定義によって発見できたと考えられる。

3 | 顧客価値と「モノ」「コト」

3.1　顧客体験と３つの顧客価値

　製品は品質，特性，パッケージ，スタイルなどの実体部分，さらに配送，取付，アフターサービス，保証などの付随部分があるが，それらの中核には価値・サービスが存在している。製品やサービスは，価値や便益の伝達・媒介手段に他ならない。

　製品やサービスが「ハード」としてはコモディティ化し，差別化が難しくなっている反面，趣味，嗜好やライフスタイル，購買履歴など各種の個人情報の取得を通じて顧客ないし潜在顧客は個として認識され，製品の「ソフト」要素やサービスにおける「特別さ」を提供することが容易になった。顧客が求めかつ共感する"体験"や"価値"，それがビジネスやマーケティングにおける原動力，始点であり終点となってきた。ここで顧客体験は，ホリスティック（全体論的）なものであり，顧客の認知的，感情的，社会的，精神的な反応である。

　Schmitt（1999）は，製品やサービスの購入と使用における「５つの経験価値モジュール」として，①SENSE（感覚的経験価値），②FEEL（情緒的経験価値），③THINK（創造的・認知的経験価値），④ACT（肉体的経験価値とライフスタイル全般），⑤RELATE（準拠集団や文化との関連付け）を提起したが，顧客体験は，本質的にホリスティック（全体論的）なものであり，顧客の認知，感情やすべての相互作用に対する感覚的，社会的，精神的な反応であるといえよう。顧客体験価値を考えると，もはや製品・サービスがもたらす個々の便益や価値それ自体ではなく，それらが総体としての顧客体験の中にどのように位置づけられるかが問題となる。そして顧客体験は，次の３つの顧客価値から構成される総顧客価値に対応している。

　(1)　実用的価値（utilitarian value）：「節約」や「利便性」といった生活上のタスク，仕事の達成に関連し，何らかのニーズの合理性やそれが効率的に充足されるかどうかが重要。

⑵　社会的価値（social value）」：「ステータス」や「自己尊重」を高める要素で，利他性や公共性が含まれ，使命感（ミッション）につながる。

⑶　快楽的価値（hedonic value）：「エンターテインメント」および「探検」を通じた「喜び」や「楽しみ」をもたらす要素である。主観的，個人的，高い関与，自由，ファンタジー，現実逃避，気晴らしになる。

3.2　「モノ」から「コト」へ

　Abbott（1955）は，人々が本当に望んでいるのは製品ではなく，満足のいく体験であり，Pine & Gilmore（1998）は，消費者が購入するのは「時間をかけて一連の思い出に残るイベントを楽しむ」ことであると指摘した。「コト」概念の登場である。

　それでは「コト」とは何か。それは「モノ」とどう異なるのか。。東（2019）は，コトを「顧客の体験状態」「モノの動作・状態」であると定義する。顧客は製品やサービスを利用することで，何らかの体験をし，その体験を通して何かを認識する。顧客は「コト・プロセス」を通じて，対象の製品やサービスの価値を判断するというのである。

　顧客体験とそれを通じた顧客価値の認識においては「モノ」だけでは「コト」にはならない。複数の「モノ」が「ヒト」を主体にしながらTPO，すなわち，「時」「場所」「機会」などからなる一定の条件やシーン，パターンで組み合わされることによって「コト」になる。

　陶山（1993）によれば，商品は「モノ」としての品質・性能・機能などの属性によって構成され，その物的な使用価値に基づく効用が期待される。しかし，商品の使用価値をもたらす有用性は，実際に消費・使用される生活上の意味ないし役割の中に求められるべきである。使用価値とは，ある一定の集団内で共有された規範に他ならない。商品の効用は，その購入・使用に伴って実現される「コト」消費，言いかえると「一定の生活シーン」からなる「生活体験」を通じて消費者により知覚され価値共創されるのである。企業はそうした「生活体験」を構成するパーツ，すなわちメーカーは「モノ」である製品，サービス企業はサービス，流通企業は「モノ」の集合体である品揃え物を提供することを通じて「コト」消費に貢献する。

3.3　観光における「コト」消費

　「コト」消費は観光について最もよくあてはまる。JTB『旅行年報2020』によると，2019年に日本人が国内旅行において旅行先と現地で楽しんだ活動は，「自然や景勝地の訪問」が最も多く，全体で約4割となった。以下，「温泉」「現地グルメ・名物料理」「まち並み散策・まち歩き」「歴史・文化的な名所の訪問」「ショッピング・買い物」と続き，これらの活動実施率は2割を超えた。旅行の楽しみは「自然景観を見ること」「文化的な名所（史跡，社寺仏閣など）を見ること」「観光・文化施設（水族館や美術館，テーマパークなど）を訪れること」「温泉に入ること」「おいしいものを食べること」と，いずれも「コト」消費である。新型コロナの感染拡大が始まった2020年1月以前の訪日外国人の旅行のうち，地方部を訪問する訪日客増加の背景には，スキー・スノボなどのスポーツ，温泉，自然体験といった「コト」消費への関心や期待の高まりがあったことも指摘されており，これが結果として経済を含む地域創生にも大いに貢献した。

　観光の場合，上述の3つの顧客価値のうち実用的価値にはメディカルツーリズム，社会的価値にはエコツーリズムやサスティナブルツーリズム，快楽的価値にはヘルスツーリズムやスポーツツーリズムがそれぞれ対応している。

4 ┃ 「コト」ベースの地域ブランディング

4.1　地域ブランドとは何か

　陶山（2017）によれば，ブランドは，製品・サービスや企業を識別したり，差別化するための一定のまとまりと意味を持つ記号情報であり，安心，信頼，バリュー，感動，夢のネクサス，言いかえると期待と約束を結びつけるものである。ブランドという「意味の絆」が結ばれたとき，顧客は単なる購買者・使用者ではなく，ファンやマニアとなって関係性を積極的に深めてゆく。

　地域は日々の生活を営む舞台であり，仕事をはじめ消費や趣味，レジャー・スポーツ，文化活動など自己実現の舞台でもあるため，市民・NPO・行政当局，

企業・投資家，観光客・来訪者・移住者など地域を構成するステークホルダーにとって自己のアイデンティティを表象する対象として重要な位置づけを持つ。地域ブランドは，それに関与するステークホルダー間の絆やリレーションシップのあり方を集約的に表現するシンボルであり，ステークホルダーのために真のマーケットバリューが創造される心理的空間である。それゆえ地域ブランディングは，その再生やステークホルダーの価値を強化したり，都市計画や景観対策，地域政策，地域マネジメント，さらにまちづくりの観点から重要な役割を期待されている。ポジティブなイメージの持つ魅力，それは人や社会を豊かにし，自信や誇りを与え，躍動させる。安心，信頼，感動とあこがれ，それがブランドの持つパワーである。地域ブランドも例外ではない。

4.2　「モノ」「場所」ベースの地域ブランディング

　従来は，地域をブランディングするために，「関さば」「十勝ワイン」「あきた小町」など野菜，果物，米，魚介類，肉などの食品や特産品など「モノ」のブランディングが主に行われてきた。特定の地域名と結びつくことで，他の地域のものと差別化し，品質の良さをアピールすることがその目的である。

　例えば，夕張メロンは，1923～1924年頃にメロン栽培が開始されたが，1955年，山間地で耕作面積が狭く農業環境に恵まれていない夕張で収益をあげる作物としてメロン栽培が注目された。1960年に夕張メロン協会が設立され，一代雑種の育成，栽培基準・出荷規格の作成，ミツバチによる交配および生産技術の改善などの活動を続け，1993年，夕張メロンの商標登録が認められたことにより，地域との結びつきが一層強くなった。

　一方，温泉地や観光地という「場所」のブランディングも従来から行われてきた。例えば，熊本県の黒川温泉は山間の湯治場であったが，1964年，国民保養温泉地に指定され，やまなみハイウェイの開通で一時的な盛り上がりを見せた。洞窟風呂や女性専用露天風呂の開設により評判となった。1983年から温泉街全体の活性化を目指し入湯手形をスタートさせ，情報誌による人気観光地調査でトップに立ったことにより一気に注目された。2009年3月にはミシュラン・グリーンガイド・ジャパンで温泉地としては異例の二つ星を獲得するなど脚光を浴びて今日に至っている。

　地域産品の認知を高め，他の地域のそれと差別化してプレミアム価格で販売したり，多くの観光客が全国から訪れる観光地としての賑わいや一定の経済効果をもたらすことも地域ブランディングの重要な目標の一つである。

　地域をブランディングする画期になったのが，2006年４月に施行された「商標法の一部を改正する法律」である。地名入り商標は，団体商標として登録できるようになった。その目的は，地域特産の農産品などのブランドを適切に保護することにより，事業法人などの信用と評判の維持を図り，競争力の強化と地域経済の活性化に役立てることである。先の黒川温泉も同年10月，地域団体商標である地域ブランドに認定された。指定商品または指定役務は温泉浴場施設を有する宿泊施設である。

　特許庁「地域団体商標事例集2016」に掲載されているものでは，「越前和紙」「久留米かすり・絣」「唐津焼」「枕崎鰹節」などが有名である。

　日経テレコン21で「地域ブランド」をキーワード（見出し，本文，キーワード，分類語）にして日経４紙，朝日，毎日，読売，産経の計８紙について記事検索をかけると，ヒット数は**図表５－１**のようになる。1975年〜2020年で計6,749

図表｜５－１　「地域ブランド」の新聞記事件数の推移（1975年〜2020年）

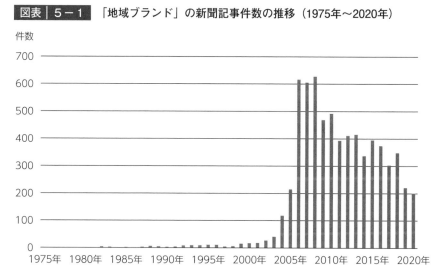

注：日経４紙，朝日，毎日，読売，産経の計８紙について記事検索結果。
出所：日経テレコン21

件がヒットし，そのうち1981年までは 0 件，1982年〜1994年は一桁とほとんど
話題にならなかった。「地域ブランド」に関する記事数が急増するのは2004年
からである。地域団体商標の取得が進んだ2008年には627件とピークに達し，
その後減少に転じている。地域団体商標制度が地域ブランディング，地域の活
性化における重要な制度的な枠組みと認識されているのは間違いない。

　とはいえ，地域ブランディングの試みは，どちらかというと権利者を保護し
たり，当該地域の産品を域外にプロモーションし，特定産業や特定地域を振興
する政策目的に沿ったものとなっている。

4.3　「コト」ベースの地域ブランディング

　産業クラスターや地域クラスターの形成を通じた地域創生，地域の経済や産
業の活性化は，地域内外のステークホルダー間の提携や協働というネットワー
クの構築によって可能になることは先に見たが，同時に地域で生活する住民の
意識改革も欠かせない。ブランドは，「企業が製造した製品・サービス」を
「顧客が買う夢」へと価値転換した存在である。製品・サービスはその特性や
便益を超え，それを購買・使用する「能動的な意味づけ」とそれに対する共感
を顧客から得ることを通じてブランドになる。

　新潟県燕三条エリアは江戸時代の初期以降，その和釘製造の技術をもとにし
ながら金属，機械を中心としたものづくりのまちである。なかでもハウスウェ
アやテーブルウェアの一つであるカトラリー（ナイフ，フォーク，スプーン）の
メーカーとしてよく知られているのが山崎金属工業である。同社の山崎悦次代
表取締役は，「テーブルウェアを通して，上質なモノを使う喜びを伝えたい。
真摯なモノづくりを実践してきた私たちの製品は，世界中で愛されるようにな
りました。これからも世界に誇れる品質とデザインで，食卓に潤いと豊かさを
提供していきます。」と語っている。そして本社 2 階には，2013年の伊勢神宮
式年遷宮を記念した食器セットや日本初のクルーズトレイン「ななつ星 in 九
州」で使用されているカトラリーなど代表的な製品を陳列しているギャラリー
があるが，いずれも逸品揃いである。

　しかし，何と言っても同社の品質やデザインの優秀さをアピールする契機と
なったのは，1991年12月，スウェーデンのノーベル賞晩餐会で同社製のカトラ

リーが採用されたことである。TV放映などを通じて伝えられる「科学分野の最高の権威」であるノーベル賞と華やかな晩餐会の「コト」シーンを彩る必須アイテムとして同社のカトラリー製品が認知され，連想されることによって最高級品としてブランディングされている。同時に，燕三条の金属洋食器，さらには金属製品が優れた品質やデザインの良さ，高い技術水準を持つ地域ブランド，"燕三条ブランド"として確立されることになった（山崎金属工業，燕市役所・商工会・洋食器組合へのインタビュー，2019年8月27日実施。）

　地域のブランド資源には，歴史，伝統，文化，芸術（美術・工芸），寺社仏閣，祭り・イベント，ショッピング，ホテル，レストラン，映画・観劇，エンターテインメント・ナイトライフ，ビジネス・雇用，教育，スポーツ，公園・景観，安全・安心，衛生，健康・医療，住居，食，衣，水運・河川，運輸・通信インフラ（道路，電車，空港，港湾）など様々なものがある。これら有形・無形の財・サービスとブランド要素の中で，「コト」ベースのブランド体験が生まれる（**図表5-2を参照**）。

　その際，同じブランド体験といっても地域内の住民・企業・団体・組織が主に期待する"日常世界"のブランド資源と，観光客・来街者が主に期待する"非日常世界"のブランド資源という地域内外のブランド・バリュー相互の優先順位をどのように調整するかが課題となる。近年の傾向としては，地域内外のステークホルダーが期待するブランド資源の重要度も流動化してきており，そうした中で地域ブランド資源間にあった矛盾や対立も，一部の例えばいわゆる「観光公害」現象を除き解消しつつある。

5 ブランド・ムーブメントによる地域コミュニティづくり

5.1　「コト」ベースのブランド・コミュニケーション

　地域は，それを構成するステークホルダーからなるある種のブランド・コミュニティとなったとき強力な存在となる。コミュニティの形成によって，単なる関係性ではなく，より強固かつ安定的な絆で結ばれたネットワークが構築されるからである。ここでブランド・コミュニティとは，「ブランドに対して

図表│5-2　地域のブランド資源と「コト」ベースのブランド体験

ブ ラ ン ド 要 素				
•イメージ •スタイル •パーソナリティ	•認知 •再生 •再認	•知覚品質 •考慮	•情緒的要素 •自己表現的要素	•ロイヤルティ •絆 •約束

観光客・来街者＝非日常世界　　　高　優先順位　低

ブランド体験

歴史, 伝統, 文化, 芸術 (美術・工芸), 映画, 寺社仏閣, 祭り・イベント, ショッピング, ホテル, レストラン, 映画・観劇, エンターテインメント・ナイトライフ

ビジネス・雇用, 教育, スポーツ, 公園・景観

安全・安心, 衛生, 健康・医療, 住居, 食, 衣, 水運・河川, 運輸・通信インフラ (道路, 電車, 空港, 港湾)

住民・企業・団体・組織＝日常世界　　　低　優先順位　高

有形財・無形財

出所：Parkerson & Saunders（2005）を修正して筆者作成。

肯定的な感情と同一化価値を有する人々の社会的関係からなるネットワーク」であり，第1に，信頼価値，第2に，体験価値，第3は，自己同一化価値が提供される。このうち体験価値の中には，先述した実用的価値，社会的価値，快楽的価値が含まれる。このブランド・コミュニティは，ブランドと顧客・消費者の間だけでなく，ブランドと企業内の経営者や従業員，企業外の株主をはじめとする地域や社会におけるステークホルダーの間で形成される。また，ステークホルダー相互の間でも成立する。さらにリアルなネットワークだけでなく，SNSに代表されるバーチャルなネットワークもそれに含まれる。

　地域や観光地の競争力強化には，住民の地元愛と情報発信が欠かせない。Chen & Šegota（2015）は，都市・地域や観光地のブランディングにおいて，

地域住民の内部化プロセス（internalization process）＝自己適合が，肯定的なクチコミや観光活動への参加を促し，観光大使として行動するようになる，と指摘している。地域のアイデンティティと旅行者との関係性，旅行者の自己イメージと訪問意向との適合も重要であるが，地域住民の，①地域への満足，②地域との関係性，③地域への愛着，がポイントになる。これらの感情を持つ地域住民は，家族や友人だけでなく，旅行会社，ソーシャルメディア（クチコミ），旅行サイトなどのコミュニケーションチャネルを通じて情報発信し，地域外の人々に地域への関心を高め，訪問意向を促す。

5.2　地域のブランド・コミュニケーションとストーリー

　地域ブランドのパワーをさらに強化するためには，不断のブランド・ムーブメントとコミュニケーションが必要となる。具体的には，当該地域におけるブランド・コミュニティとしてのビジョン，ミッション，バリューを策定して地域固有のブランド・アイデンティティを構築する。次いでそのアイデンティティのもとで，ステークホルダーによるブランド・コラボレーションを通じて，強く，好ましく，独自性のあるブランド・イメージが形成されることになる。

　そうした地域の「コト」ブランド・コミュニケーションにおいて有益な手法の一つがストーリー性である。ブランド世界のコミュニケーションには，内部における統一性・一体感の醸成，ブランド世界と外部世界との連帯性・共有性の形成という2つの課題がある。強いブランドになるためには，ブランド・コミュニティ内部の人間にとっては凝集力が働き閉鎖的であると同時に，それでいて外部の人間に対しては一般的で開放的であるという，いわば二律背反的な命題を解決しなければならない。そうした難しいブランド世界を形成するのに役立つものがストーリー性や「神話」に他ならない。

　ストーリーを観光や旅行に応用した一例を見てみよう。広島県竹原市は，過去の趣がそのまま残され，安芸の小京都と呼ばれている。161軒の古民家や「うさぎの楽園」大久野島があり，総世帯3,880戸の小さな島に380戸の農家がある大崎上島町は，瀬戸内の温暖な気候で農業・産業・自然を活かしたアウトドアが楽しめるのが魅力の地域である。**図表5-3**は，「かぐや姫降臨記：竹原・大崎上島で才食健美な女性に」という旅行プランで，滞在時間が短く宿泊

図表│5－3　広島県竹原市・大崎上島町のブランド・ストーリー

出所：JR西日本「瀬戸内カレッジ」関西大学陶山ゼミナール32期生報告（2021年1月15日）を編集して筆者作成。

客が少ない竹原市と島内の周遊を促進したい大崎上島町の課題解決につなげる試みである。塩で栄えた歴史ある町家，自然豊かな瀬戸内の景色，人情味溢れる優しい人々，地産の食材を使った美味しい食，地元の人々との交流とグランピング体験など現代のかぐや姫が訪れるストーリー仕立てにして，コロナ禍の中でも自分磨きに積極的な20代前半女性にアピールしている。

5.3　地域のブランド力・競争力構築モデル

　以上を踏まえて，地域のブランド力・競争力構築モデルとしてまとめたものが**図表5－4**である。

　地域のイメージや評判の向上，ロイヤルティ向上，ブランド力構築のためには，交流・観光による「コト」体験と主にソーシャルメディアを中心とする情報発信という地域ブランディング＆コミュニケーションが欠かせない。地域の

図表｜5-4　地域・都市のブランド力・競争力構築モデル

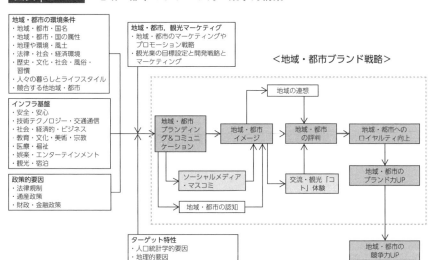

出所：Foroudi, Gupta, Kitchen, Foroudi & Nguyen（2016）p.247の図を大幅に修正して筆者作成。

マーケティングやプロモーション戦略，観光業の目標設定と開発戦略，マーケティングを行う際，ターゲットの特性である人口統計学的要因，地理的要因，社会・経済的・ビジネス要因，心理的・行動的要因，マーケティングへの反応などを考慮しなければならない。

　地域ブランド戦略を実行するにあたっては，第1に，地域・都市の環境条件（地域・都市・国名，地域・都市・国の属性，地理や環境・風土，法律・社会・経済環境，歴史・文化・社会・風俗・習慣，人々の暮らしとライフスタイル，競合する他地域・都市），第2に，インフラ基盤（安全・安心，技術テクノロジー・交通通信，社会・経済的・ビジネス，教育・文化・美術・宗教，医療・福祉，娯楽・エンターテインメント，観光・宿泊関連の施設・設備），そして第3に，政策的要因（法律規制，通産政策，財政・金融政策）が重要である。地域・都市の競争力はこれらの条件がクリアされたとき，より強固なものになる。

　地域の文化的要素やインフラ基盤，地域政策の中で，地域・都市と観光のマーケティングやターゲット特性を踏まえながら，ソーシャルメディアやマス

コミを機動的に活用したイメージや評判の形成，交流・観光による「コト」体験を訴求する地域ブランディングにおいてはストーリー性を活用したコミュニケーションが重要と考えられる。

◆ 参考文献

Abbott, L.（1955）*Quality and Competition*, Columbia University Press.

Ashworth,G. J. & H. Voogd（1990）*Selling the City: Marketing Approaches in Public Sector Urban Planning*, John Wiley & Sons Ltd..

Chen, N. C. & T, Šegota（2015）"Resident Attitudes, Place Attachment and Destination Branding: A Research Framework," *Tourism and Hospitality Management*, Vol. 21, No. 2, pp.145-158.

Foroudi, P., S. Gupta, P. Kitchen, M. M. Foroudi & B. Nguyen（2016）"A Framework of Place Branding, Place Image, and Place Reputation Antecedents and Moderators: Qualitative Market Research,"*An International Journal* , Vol. 1, No. 2, pp.241-264.

Kotler, P., D.H. Haider, & I. Rein（1993）*Marketing Places*, Free Press.（井関利明監訳，前田正子・千野博・井関俊幸訳（1996）『地域のマーケティング』東洋経済新報社）

Parkerson, B. & J. Saunders（2005）"City Branding: Can Goods and Services Branding Models Be Used to Brand Cities," *Place Branding*, Vol. 1, No. 3, pp.242-264.

Pine, B. J., II, & J. H. Gilmore（1998）*The Experience Economy: Work Is Theater and Every Business a Stage*, Harvard Business School Press.

Porter, M. E.（1998）*On Competition*, Harvard Business School Press.（竹内弘高訳（1999）『競争戦略論Ⅱ』ダイヤモンド社）

Tavsan N. & C. Erdem（2018）*Customer Experience Management: How to Design, Integrate, Measure and Lead*, Tasora Books.

Schmitt, B. H.（1999）*Experiential Marketing*, The Free Press.（嶋村和恵・広瀬盛一訳（2000）『経験価値マーケティング―消費者が「何か」を感じるプラスαの魅力』ダイヤモンド社）

Vargo, S.L. & R.F. Lusch（2004）"Evolving to a New Dominant Logic for Marketing," *Journal of Marketing*, Vol. 68（January）, pp. 1 -17.

Ward, S. V. (1998), *Selling Places: The Marketing and Promotion of Towns and Cities*, 1850-2000, Routledge.

東 利一 (2019)『顧客価値を創造するコト・マーケティング』中央経済社。

伊丹敬之・松島茂・橘川武郎編著 (1998)『産業集積の本質─柔軟な分業・集積の条件─』有斐閣。

坂田一郎・梶川裕矢・武田善行・柴田尚樹・橋本正洋・松島克守 (2006)「地域クラスター・ネットワークの構造分析」『RIETI Discussion Paper Series』06-J-055。

坂田一郎・梶川裕矢・武田善行・橋本正洋・柴田尚樹・松島克守 (2007)「地域クラスターのネットワーク形成のダイナミクス」『RIETI Discussion Paper Series』07-J-023。

陶山計介 (1993)『マーケティング戦略と需給斉合』中央経済社。

陶山計介・梅本春夫 (2000)『日本型ブランド優位戦略』ダイヤモンド社。

陶山計介 (2002)「ネットワークとしてのマーケティング・システム」陶山計介・宮崎昭・藤本寿良編著『マーケティング・ネットワーク論─ビジネスモデルから社会モデルへ─』有斐閣，pp. 1 -18。

陶山計介・妹尾俊之 (2006)『大阪ブランド・ルネッサンス』ミネルヴァ書房。

陶山計介 (2017)「都市・地域のブランド戦略」陶山計介・鈴木雄也・後藤こず恵編著『よくわかる現代マーケティング』ミネルヴァ書房，pp.158-167。

陶山計介 (2021)「ポストコロナ時代に求められるブランド・コミュニティの構築」陶山計介・伊藤佳代『インターナルブランディング：ブランド・コミュニティの構築』中央経済社，pp.35-58。

西村順二 (2016)「地方創生時代にみる地域中小企業からなる産業集積の消費適応性」『商工金融』 6 月号，pp. 5 -28。

国土交通省 (2019)『令和元年版観光白書』，(2020)『令和 2 年版観光白書』(https://www.mlit.go.jp/statistics/file000008.html)

坂元醸造ホームページ (http://www.kurozu.co.jp/)

特許庁「地域団体商標事例集2016」(https://www.jpo.go.jp/system/trademark/gaiyo/chidan/document/tiikibrand/katsuyojirei2016.pdf)

内閣府「まち・ひと・しごと創生総合戦略 (概要)」(http://www.chisou.go.jp/sousei/info/pdf/20141227siryou4.pdf)

内閣府「まち・ひと・しごと創生総合戦略 (2016 改訂版)」

（https://www.chisou.go.jp/sousei/info/pdf/h28-12-22-sougousenryaku2016zentaizou.pdf）

日経テレコン21

（http://t21.nikkei.co.jp/g3/CMN0F12.do）

日本交通公社（2020）『旅行年報2020』日本交通公社。

（https://www.jtb.or.jp/wp-content/uploads/2020/10/Annual-Report-all-2020.pdf）

山崎金属工業ホームページ

（https://www.yamazakitableware.co.jp/mind/）

山崎金属工業，燕市役所・商工会・洋食器組合へのインタビュー（2019年8月27日実施）。

第Ⅱ部

事 例 編

第6章

地域創生における
ゲートキーパーの役割
―上川町役場と上川大雪酒造との関係を中心に―

井上真里

　本章の目的は，北海道の上川町を研究フィールドとし，地域創生に関連する資源に乏しい地域がその諸活動を成功裡に行うためいかなる取り組みを行っているかを明らかにすることである。

　現在の上川町長である佐藤芳治氏は2008年の就任時から意欲的な産業政策を推進しており，地域創生において優れた成果を残しているが，冬季における気候の厳しさや他地域との観光競争激化により新機軸を模索する必要があった。2016年に上川町で創業した上川大雪酒造が市場で高い評価を獲得するに伴い，上川町役場は同社との連携を深めている。

　上川大雪酒造は上川町におけるゲートキーパーとしての役割を果たしており，同社が創業する前と比べて上川町の産業全体が活性化している。

1 ｜ 地域創生における問題の所在

　本書の主要なテーマである「地域創生」については，これまで研究と実務（企業のみならず政府や地方自治体を主体として含む）の両面から大いに検討されてきた。企業間および産業間のネットワーク形成に関する産業クラスター研究（Camagni 1991, Gupta & Govindarajan 1991, Porter 1998, 藤田 2015）や社会関係資本（social capital）の構築や整備に関する地域クラスター研究（Maillat 1996,

Powell et al. 2002, 坂田ほか 2006）, 都市・地域のブランディング研究（Parkerson & Saunders 2005, 陶山・妹尾 2006, 小林 2016）などの研究領域が開拓され, それらの成果が各国・地域の政府や地方自治体における諸政策の立案とその実践に活かされている。

　上記の既存研究を俯瞰すると, 1980年代の一村一品運動に代表される特産品論や6次産業論（農林水産物生産の1次産業, 加工品生産の2次産業, 付加価値の高いサービス提供の3次産業をうまく組み合わせること）のように, 地方自治体や各種業界団体が地域創生の核として特産品をはじめとするモノや観光名所・イベントといったコトをいかに創出し, さらにそれらをシステムとしていかにネットワーク化させるかという視点に注目が集まってきた（城戸 2016）。

　しかしながら, それは当該地域内でモノやコトを創出できる諸条件（人文資源や自然資源など）がある程度整っていることが前提であると考えられる。日本に限定してみても, それらの諸条件が整っている地域はどれだけあるだろうか。また, 実際のところ多くの地域では, 清廉な水や冷涼な気候などがあってもそれらの価値をさらに高めるためのシステムに乏しいと言わざるを得ない。

　そこで本章では, 地域創生に関連する資源に乏しい地域がその諸活動を成功裡に行うためいかなる取り組みを行っているかを明らかにする。そして, 北海道の上川町を研究フィールドとし, 上川町役場といくつかの企業（主に上川大雪酒造株式会社, 以下では上川大雪酒造）との取り組みを検討する。その際, イノベーション論や組織間関係論の分野において用いられる「ゲートキーパー（gatekeeper）」概念を分析の手がかりとする。

2 ゲートキーパー論の要点

　ある地域内でモノやコトを創出する基盤となるシステムが十分でない要因としては, 当該地域における諸条件の欠如という問題ばかりではなく, それを推進する主体が明確でないという問題も挙げられる。「誰（どこ）が地域創生を主導的に進めるか」もまた重要であると考えられるが, 地方自治体や各種業界団体（JAや商工会議所など）が主導すると当該組織内外の利害関係に左右されてうまくいかないことがある。イノベーション論や組織間関係論の文脈で長ら

く議論されてきたゲートキーパーは，そのような組織内外でのコミュニケーション問題を改善する鍵になり得る。

　ゲートキーパーとは，ある企業や組織の境界を越えてその内部と外部を情報面から連結させる主体である。ゲートキーパーは，当該企業・組織内外の様々な人物・組織と何らかの形で接触しており，また外部との接触機会が非常に多いと考えられている。

　この概念を提唱したAllen（1977）は，イノベーションを志向する企業内のR&D（Research & Development：研究開発）組織におけるコミュニケーションの実態を調査した結果，多くのメンバーからコミュニケーションのパスを受け取り，当該メンバーに有効な情報を効果的に伝える役割を担っている研究者が存在していることを明らかにした。

　一般に，企業や組織にはそれぞれ特有の文化や用語，考え方などが存在し，それがコミュニケーションを妨げる一つの要因になっている。ゲートキーパーは，組織の内外と接触する機会が非常に多く，またすべてのゲートキーパーがそうであるとは考えにくいものの高度な専門知識を持っているため，関連する情報をわかりやすく伝え，コミュニケーションを円滑にすることができると考えられている。

　また，一部のゲートキーパーは，消費者の要望を把握しながら市場の動きを探り，研究開発部門や販売部門との交渉を進めることが可能である。例えば，製品や技術の開発時に企業や組織の境界を越えてコミュニケーションをとり，必要な情報をつなぎ合わせる役割を果たす。

　イノベーションに関する体系的な研究が始まったのは1960年代後半のことである。当初はイノベーションの包括的な成功要因（製品イノベーションや工程イノベーション）を探る「グランド・アプローチ」が一般的であった（Abernathy 1978）が，1970年代後半になるとイノベーションのある特定の側面に焦点を絞った「フォーカス・アプローチ」が台頭してきた（高橋ほか 2006）。ゲートキーパーはこのような文脈の中で理解されている。

　ゲートキーパー概念は，企業内におけるメンバー間でのコミュニケーションあるいは企業間（あるいは産業間）でのコミュニケーション問題としてこれまで議論されてきたが，このような考え方は特定の個人や地方自治体，現地企

業・組織といった異なる人物・組織間でのコミュニケーション問題にも適用可能であると考えられる。次節以降では北海道の上川町役場といくつかの企業（上川大雪酒造，フラテッロ・ディ・ミクニ，スノーピーク）との関係を中心に検討することにより，上川町全体でのコミュニケーション問題について考察する。

3 地方自治体におけるビジョンと産業政策：上川町役場

　本章では，北海道の上川町を研究フィールドとして，上川町役場といくつかの企業がいかに連携し，その中で上川大雪酒造がいかなる役割を果たしているのかについてゲートキーパー概念を手がかりに明らかにするが，その方法は主に上川町役場と上川大雪酒造へのインタビュー調査である。

　図表6−1はインタビュー調査の対象とその日時を示しており，以下の内容はその結果に基づいている。他に，大雪森のガーデンにおいてそのスタッフにも聞き取りを行っている。上川大雪酒造には2回のインタビューを行い，当事者からの証言を十分に得ることができたものの，上川町役場には町長と各課にそれぞれ1回しかインタビューを行うことができなかった。

　本来であれば上川町役場にも複数回のインタビュー調査を行う必要があったのだが，2020年3月以降は新型コロナウイルスの蔓延（以下「新型コロナ問題」）により北海道や関東で緊急事態宣言が発出され，対面でのインタビュー調査自体が実質的に不可能となった。そのため，一部の調査は電話や電子メールに切り替えて実施している。

3.1　上川町の概要

　北海道上川郡上川町は，旭川から自動車で東におよそ1時間の場所に位置している（図表6−2参照）。また，上川町からさらに東へ行くと有名な温泉地である「層雲峡（そううんきょう）」があり，毎年8月に開催される「層雲峡峡谷火まつり」（2020年は新型コロナ問題で開催中止，2021年は小規模開催）と毎年2月に開催される「層雲峡温泉氷瀑まつり」（2021年は小規模開催）が広く知られている。

図表│6-1 インタビュー調査の概要

調査対象企業・自治体名	調査年月日・場所・氏名
上川町役場	2019年8月22日 16：00〜17：30 産業経済課 西木光英 課長（当時） 産業経済課 高野尚 課長補佐（当時） 企画総務課 谷脇良満 課長補佐 建設水道課 山栗浩胤 副主幹 2019年8月23日 10：00〜11：30 佐藤芳治 町長 2020年12月13日〜2021年1月8日 西木光英 氏（電子メールでの回答）
上川大雪酒造	2019年8月22日 14：00〜16：00 緑丘蔵（上川郡上川町） 川端慎治 氏（副社長，総杜氏） 山田藤多 氏（執行役員，経営企画部長） 2020年10月1日 14：30〜16：30 碧雲蔵（帯広市稲田町） 川端慎治 氏 森井大輔 氏（十勝緑丘株式会社・常務執行役員）

出所：筆者作成。

　次に上川町の特徴についてであるが，以前からコクのある独特な味噌ラーメンを「ラーメン日本一」として訴求しており，近年では親しみを込めて「ファミリーレストランのない町」と呼ばれることもある。また，月別の平均気温は冬の最も寒い時期で1月のマイナス8.5℃（最深積雪は2月で約1メートル）であるものの，最も暑い時期の夏は8月の19.6℃であり，キャンプや釣りなどのレクリエーションを楽しむのに快適な気候である。

　さらに，上川町の産業については，同町の約95％は森林であり主要な産業は農業（牛，豚，にじます，ハム・ソーセージ，高原野菜）や各種サービス業（キャンプ場やスキー場，層雲峡温泉など）である。特に豚は「渓谷味豚」，にじますは「銀河サーモン」，大雪山系の雪解け水をボトリングした天然水は「ゆきのみず」としてブランド化されている。

　また，上川町の人口は1960年に1万5,000人を記録したが，それは台風被害（倒木）の復興に伴う労働者の流入によるものであり，以降は減少を続け2020年に3,432人となっている。上川町役場は町外からの移住を推進しているもの

図表│6－2　**北海道全体からみた上川町の位置**

出所：国土地理院ホームページをもとに一部修正して筆者作成。

図表│6－3　**上川町における北海道外からの観光客数推移**

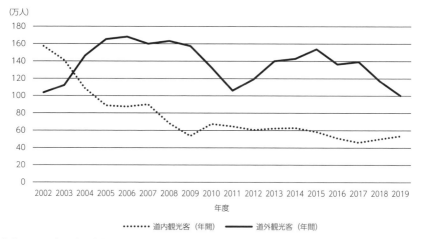

出所：上川町役場内部資料

の，**図表6－3**で示されているように，基本的には他の国・地域を含む道外からの観光によって地域創生を図ることが最も大きな課題である。

3.2　上川町役場のビジョンと産業政策

2014年9月，日本政府は「まち・ひと・しごと創生本部」を設け，同年11月

図表│6-4 旭川，層雲峡および大雪森のガーデンの位置

注：黒色の線は旭川からの高速道路であり，上川町手前が終点である。また，灰色の線は高台の旭ヶ丘
　　地区に登る道路である。
出所：上川町役場内部資料を一部修正して筆者作成。

に「まち・ひと・しごと創生法」を成立させた。また，それらに基づき2015年
6月には「まち・ひと・しごと創生基本方針2015 ―ローカル・アベノミクス
の実現に向けて」が示され，全国の各地方自治体は同年中に何らかの政策を策
定することが求められた。

　日本政府による突然の要請に地方自治体が混乱したのはいうまでもない。日
本政府が意図する地方創生は「限界集落」や「地方消滅」を改善するための人
口増加に重きを置いており，それは増田寛也氏主宰の人口減少問題研究会が公
表したいわゆる「増田レポート」において2040年までに896の地方自治体が消
滅する可能性があると示されたことを根拠としている。さらに，各地域におけ
る人口増加のために当該自治体がいくつかのKPI（Key Performance Indicator：
重要行政評価指標）を策定しなければならなかったこともまた混乱に拍車をか

けた。

　そのような状況の中，上川町では2008年に佐藤芳治氏が町長に就任した。現在4期目の現職であるが，佐藤氏は就任時から上記のような日本政府の姿勢に対して異を唱え，「地域（地方）創生」という言葉を用いることをあえて避けている（佐藤町長へのインタビュー）。

　佐藤氏就任時の公約は典型的な特産品論や6次産業論とは一線を画しており，「マナーやルールに乏しい観光（観光客が許可なく畑に入る，農作業の邪魔をするなど）をコントロールするため，特定の場所を観光スポット（コト）にして上川町の食材（モノ）を中心に洗練されたサービスを提供する」ことである。その一環として，**図表6－4**で示したとおり同町の高台にある旭ヶ丘地区に約15億円をかけて「大雪森のガーデン」を建設した。

　大雪森のガーデンにおける集客の柱を作るため，佐藤町長は上川町議会で有名レストラン「オテル・ド・ミクニ」の誘致を提案したものの，多くの町議から猛烈に批判されたという。しかし，佐藤氏がオテル・ド・ミクニの三國清三シェフ（北海道出身）と直接交渉し，周りの予想に反して誘致に成功した。そのような経緯で，大雪森のガーデンではホテル併設のオーベルジュ「フラテッロ・ディ・ミクニ（現在は上川大雪酒造のグループ企業）」を開業することになった。

　ただし，上川町における観光には「5月まで雪が残っているため大雪森のガーデンのイングリッシュガーデンに花が少ない」「11月になると積雪が非常に多くなるため高台の旭ヶ丘地区に行くのが難しい」「層雲峡に行く観光バスが上川町自体を素通りする」（大雪森のガーデンでのインタビュー）といった難しい課題が残っており，大雪森のガーデンのみならず他の集客の柱を模索する必要性があった。

4 ｜上川町の産業政策に資する個別企業の戦略：上川大雪酒造

　産業振興と観光客対応を両立させようとする意欲的な産業政策を上川町長である佐藤氏が推進し，優れた成果を残してきたものの，冬季における気候の厳しさや観光を推進する他地域との競争もあり，上川町は新機軸を模索する必要

があった。そのとき，上川町に到来したさらなる飛躍の契機が，以下で述べる
上川大雪酒造の登場である。

4.1　上川大雪酒造の概要

　一般に，日本酒（清酒）を生産する酒造会社は古くから現地に根を下ろし，
一族が代々営んでいるというイメージがあるが，上川大雪酒造はもともと上川
町に立地していたわけではなく，代表取締役社長の塚原敏夫氏（北海道出身）
が三重県で廃業寸前の酒造会社から製造免許を取得し，2016年に上川町で操業
を開始したことに端を発する。**図表６－５**は上川大雪酒造の概要を示している。
　現在，日本酒の製造免許は輸出用を除き国税庁から新たに許可されないこと
から，塚原氏はすでに酒造免許を有する企業を買収する方法を採ったのだが，
さらにそれを別の地域で活用するというのはそれまでに例のないことであった。
また，北海道出身で有名杜氏の川端慎治氏を招聘したことも大いに話題を呼ん
だ。
　2017年に発売された主力製品ブランド「上川大雪」は，「飲まさる酒（北海
道弁でついつい杯を重ねてしまうほどおいしい酒）」としてたちまち高い評価を獲
得し，2019年以降４回にわたり日本航空（JAL）の国内線ファーストクラスで
採用されたばかりではなく，同年にコレド日本橋の石屋製菓（白い恋人）直営
カフェが上川大雪を用いたパフェを提供するようになり，同店舗前に行列がで
きるほどの人気になっている（**図表６－６**参照）。
　上川大雪酒造の最も大きな特徴は，「消費者に現地まで来て購入してもらう」

図表｜６－５　**上川大雪酒造の概要**

```
社名：上川大雪酒造株式会社
代表者：代表取締役社長　塚原敏夫
本店所在地：〒078-1761 北海道上川郡上川町旭町25番地１
大株主：塚原敏夫，日立トリプルウィン，ブリッジスほか
資本金：4,500万円
子会社：十勝緑丘株式会社
```

出所：筆者作成。

図表｜6-6　上川大雪酒造の「上川大雪」

出所：上川大雪酒造ホームページ

チャネル戦略を採用していることである。そのため，全国はもちろん北海道内においても自社製品の流通を制限している。日本酒の流通では不特定多数の卸売企業や小売企業，消費者に供給する開放的チャネルを形成することが一般的であるが，上川大雪酒造は供給する卸売・小売企業と消費者を非常に絞り込んだ選択的チャネルを形成しているという点で特殊的である。しかしながら，そのことが上川大雪の購買を目的とする観光客の増加につながっており，上川町役場も同社をより積極的に支援するようになっている。

4.2　新型コロナ問題の影響

　上川大雪酒造・川端氏によると，新型コロナ問題により首都圏など大都市圏を中心として販売している酒造会社は2020年2～5月の課税移出数量が前年比約8割減の状況に陥っている。また，北海道に限ってみると，北海道酒造組合の課税移出数量は前年比40％前後で推移しているという。

　そのような深刻な状況下においても，上川大雪酒造は100％前後を保っている。その要因として，創業時から力を入れているオンライン販売が奏功していることはいうまでもないが，それだけではなく上川町内の需要が急増したことも挙げられる。特に，上川町のセブンイレブンでは上川大雪酒造が町内限定で生産する「神川（かみかわ）」を販売しているが，経済活動が大きく制限された1回目の緊急事態宣言時に上川町地域経済応援券「かみかわペイチケット」

や上川町建設業協会・上川町商工会の「プレミアム飲食券」を利用した購買が急増し，記録的な売上高を達成したという。

　さらに，上川大雪酒造は北海道における醸造研究のさらなる発展と醸造家の育成を目的として，クラウドファンディングのマクアケを活用し，2020年に帯広畜産大学内に「碧雲蔵」を建設し，日本酒カテゴリーでは日本記録の約3,000万円を調達することに成功している。それは，北海道産の日本酒消費が道内で約19％しかない現実を変えるためであり，また約40年間酒蔵がなかった十勝地域を振興させるためでもある。さらに，2021年中には日本酒の醸造研究を進めていた函館工業高等専門学校と連携して小中学校跡地に54年ぶりの酒蔵を建設する予定である。

4.3　上川町人気の高まり

　上川町では，1回目の緊急事態宣言解除後（2020年5月25日以降）に道内観光客が急増したという。その要因として，6月19日まで都道府県をまたぐ移動の自粛が要請されていたこと，記録的な猛暑で避暑地需要が急増したこと，そしていわゆる「三密（密集，密接，密閉）」を避けるためのキャンプ場が人気になったことが挙げられる。

　そのような上川町への追い風を活かすべく，上川町役場は上川大雪ブランドのさらなる活用を進めている。上川町役場が主導し，休眠している生産・商業施設を活用して町内の乳製品やパンの販売を推進しており，その運営を上川大雪酒造に依頼することを検討している。

　上川町役場・西木氏によると，もともと上川町にはJAのレンガ倉庫を改修し，地場産品を活用した商品開発や住民の交流の場として活用できる「ぐるめ工房か夢かむ」という施設があった。JA上川中央が当該施設の指定管理者として委託され，運営自体は有限会社グリーンウェーブ（以下「グリーンウェーブ」）という乳製品や野菜，もち米を地場産品として生産する企業が行っていた。しかし，グリーンウェーブが2018年10月で法人を解散し，か夢かむの運営から撤退してしまった。上川町は後継となる企業をJAとともに探し始め，地元のパン店やスーパーマーケットなどと交渉したがなかなかうまくいかなかった。

　グリーンウェーブの生乳はフラテッロ・ディ・ミクニや大雪森のガーデンカ

フェのジェラートなどに使用されており，上川大雪酒造・塚原社長もその状況を大いに気にかけていたことから，上川町役場が同社に運営を依頼したところ，塚原社長からは「施設の場所や外観も含めてやり方，見せ方によって，町内に人を呼び込める施設になるだろう」と興味をもってもらえたという。

パンはフラテッロ・ディ・ミクニで提供できるレベルの商品にする必要があるし，また町内に酪農牧場が4社もあるのにチーズがないのはもったいない。上川大雪のコンセプトと同様に「上川町に来ないとその商品が買えない，食べられないという，まさに地域創生をこの施設でも行いたい」という。さらに，上川町役場と上川大雪酒造は将来的に帯広畜産大学とのシナジー創出も模索している（上川大雪酒造・川端氏，十勝緑丘・森井氏へのインタビュー）。

4.4　ゲートキーパーとしての上川大雪酒造

上川町は11月から5月まで深い雪に閉ざされる。その間，観光客は大雪森のガーデンに自動車で上がることが容易ではないため，フラテッロ・ディ・ミクニをはじめとするほとんどの店舗は開店休業状態に追い込まれるという。夏季は避暑地として一定の集客があるものの，冬季にこれだけの有休期間があるのは経営上大いに問題があると言わざるを得ない。

そのとき，上川大雪酒造の提案でスノーピーク（新潟県三条市）に対しその雪を利用したアクティビティを大雪森のガーデンで開催できるか打診した。2018年，上川町役場・上川大雪酒造・スノーピークの3者による包括連携協定が締結され，上川町が掲げている「北の山岳リゾート」を目指した取り組みの一環として，真冬の大雪森のガーデンや他資源の有効活用（スノーグランピングやスノーラフティング，スノーモービルを用いた乗車体験，犬ぞり，層雲峡氷瀑まつりでの「日本酒バー」など）が試みられている。

また，フラテッロ・ディ・ミクニと上川大雪酒造は，どちらも上川町に位置するグループ企業であることから，フラテッロ・ディ・ミクニにおける上川大雪の提供，酒粕の有効利用（ジェラート）などで観光客が徐々に増加している。2017年は上川大雪酒造が開業された当初ということもあり，日本酒を上川町のキーアイテムの一つとして展開する上川町のキャンペーン「大雪山大学」でJTBの「パ酒ポート」を活用した日本酒講座（全3回）を実施してきた。加え

て，その会場にはフラテッロ・ディ・ミクニを活用し，上川大雪酒造の日本酒
はもとよりミクニの道産食材にこだわった料理のプロモーションにも結び付け
てきた。

　大雪森のガーデンを設けたのは上川町役場であるものの，同役場だけで当該
施設をより有効に活用するのは様々な条件を鑑みると困難であったと言わざる
を得ない。そこに絶好のタイミングで上川大雪酒造が創業し，その成長ととも
に上川町におけるゲートキーパーとしての役割が高まってきた。また，上川大
雪酒造を結節点として，上川町全体のコミュニケーションもより円滑になった
と捉えることができる。

5 ｜地域創生における今後の課題

　本章では，北海道の上川町を研究フィールドとし，地域創生に関連する資源
に乏しい地域がその諸活動を成功裡に行うためにいかなる取り組みを行ってい
るかを検討した。

　2008年の就任時から意欲的な産業政策を推進してきた佐藤町長は，地域創生
において優れた成果を残しているが，冬季における気候の厳しさや他地域との
観光競争激化により新機軸を模索する必要があった。2016年に上川町で創業し
た上川大雪酒造が市場で高い評価を獲得するにともない，上川町役場は同社と
の連携を深めている。

　上川大雪酒造は，上川町において上川町役場や他の企業（フラテッロ・ディ・
ミクニやスノーピーク）とのコミュニケーションを円滑にするゲートキーパー
としての役割を果たすようになっており，同社が創業する前と比べて上川町の
1次産業（酒造好適米や生乳などの生産），2次産業（日本酒やジェラート，パン，
チーズなどの生産）および3次産業（レストランやホテル，レジャーなど）はとも
に活性化している。

　地方自治体は，当該地域内の人文資源や自然資源を単体で考えるのではなく
連結させて考えることが重要であり，また当該自治体は域内の諸資源のみに固
執するのではなく域外の資源にも目を向け，それらを取り込むための政策的柔
軟性を持つことがより重要であると考えられる。

　例えば，2020年に入り上川町の近くにある東川町では三千桜（み　ち　ざくら）酒造が岐阜県中津川市から製造免許を移転し，また函館の近くにある七飯町（なな　え　ちょう）では大美酒造（おお　み）が岡山県真庭市から移転して箱館醸蔵を開設している。これまで述べてきたように，上川大雪酒造の軌跡は成り行きにまかせる部分が少なくなかったといえるが，三千桜酒造や大美酒造（および箱館醸蔵）は初期段階から地方自治体の潤沢なバックアップを得て，上川大雪酒造の成功を意図的に再現しようとしている（『日本経済新聞』2020年12月17日付け朝刊）。

　地方自治体は，地域内にない資源を域外から調達する形で諸資源の探索・入手・融合を積極的に行う段階に入っていると考えられる。その際に，当該自治体がゲートキーパーになり得る企業をいかに囲い込めるかが今後さらに重要な課題になるであろう。

◆　参考文献

Abernathy, W. J. (1978) *The Productivity Dilemma: Roadblock to Innovation in the Automobile Industry*, The Johns Hopkins University Press.

Allen, T. J. (1977) *Managing the Flow of Technology: Technology Transfer and the Dissemination of Technological Information within the R&D Organization*, MIT Press.

Camagni, R. (1991) *Innovation Networks: Spatial Perspectives*, John Wiley & Sons.

Gupta, A. K. & Govindarajan, V. (1991) "Knowledge Flows and the Structure of Control within Multinational Corporations," *The Academy of Management Review*, Vol.16, No.4, pp.768-792.

Maillat, D. (1996) "From the Industrial District to The Innovation Milieu: Contribution to an Analysis of Territorialized Productive Organizations," *Neuchatel University Working Paper*, #9606b.

Parkerson, B. & Saunders, J. (2005) "City Branding: Can Goods and Services Branding Models Be Used to Brand Cities?" *Place Branding*, Vol.1, No.3, pp. 242-264.

Porter M. E. (1998) "Clusters and the New Economics of Competition," *Harvard Business Review*, Nov.-Dec., pp.77-90.

Powell, W. W., Koput, K. W., Bowie, J. I. & Smith-Doerr, L. (2002) "The Spatial

Clustering of Science and Capital: Accounting for Biotech Firm-Venture Capital Relationship," *Regional Studies*, Vol.36, pp.291-305.

城戸宏史（2016）「『地方創生』政策の問題と今後の市町村合併の可能性 ―一村一品運動のインプリケーションを踏まえて―」経済地理学会『経済地理学年報』第62巻，pp.306-323。

小林哲（2016）『地域ブランディングの論理 ―食文化資源を活用した地域多様性の創出』有斐閣。

坂田一郎・梶川裕矢・武田善行・柴田尚樹・橋本正洋・松島克守（2006）「地域クラスター・ネットワークの構造分析」『RIETI Discussion Paper Series』06-J-055。

陶山計介・妹尾俊之（2006）『大阪ブランド・ルネッサンス ―都市再生戦略の試み』ミネルヴァ書房。

高橋伸夫・桑嶋健一・玉田正樹（2006）「コミュニケーション競争モデルと合理性」東京大学経済学会『経済学論集』第72巻第3号，pp.2-20。

藤田誠（2015）「産業クラスターのネットワーク論的検討」『早稲田商学』441・442合併号，pp.1-28。

『日本経済新聞』2020年12月17日付け朝刊。

上川大雪酒造ホームページ

（https://kamikawa-taisetsu.co.jp/）（2021年1月10日アクセス）

国土地理院ホームページ

（https://www.gsi.go.jp/）（2021年3月15日アクセス）

第 **7** 章

地域特産品の創出と
地場産業の発展

天野恵美子

　本章では福岡を代表する特産品「辛子明太子」を事例として，地域特産品の創出と地場産業の発展における企業の役割について考察する。日本国内には200社以上の明太子製造企業が存在するが，主な明太子業者の7〜8割（約80社以上）が福岡市（博多）に集中し，福岡県は国内生産量の7割を占める一大産地になっている。

　しかしながら，明太子が福岡で食べられるようになったのは戦後のことであり，全国的に広く知られるようになったのは1975年以降のことである。福岡の郷土食でもなく，九州由来の食材でもないタラコを加工した明太子がなぜ福岡の特産品となり，産業として発展することができたのであろうか。

　博多明太子を生み出し，地場産業として発展する基盤を作り上げた中核的な食品企業の事例を手がかりに考察する。

1 ｜ 本章のねらい ─博多名物の創出と明太子産業の発展─

　辛子明太子（以下，明太子）はスケトウダラの卵巣を唐辛子などの入った調味液に漬け込み，熟成させた水産加工品である。明太子は福岡・博多を代表する土産品や贈答品として定着し，地元福岡だけではなく日本全国の食品スーパーなどの売り場に並ぶ惣菜として広く流通している。

　日本には200社以上の明太子を製造する企業があるが，全国の主な明太子業者の7～8割（約80社以上）が福岡市（博多）に集中し，福岡県は国内生産量の7割を占める一大産地になっている（今西・中谷 2008，pp.167-171）。

　しかしながら，明太子の歴史を紐解けば，その起源は朝鮮半島にあり，明太子は福岡で伝統的に食べられてきた食品ではない。明太子は戦後，博多の業者によって日本人の嗜好に合うように改良が重ねられた末，福岡で食べられるようになり，1975年以降になってようやく全国的に広く知られるようになった食品である。

　一般に地域の特産品は，地域特有の食材，気候や地形などの風土性に根差した地域資源を活用して製造されることが多い。しかし，明太子の原料となるタラコ（スケトウダラの卵巣を塩蔵したもの）は九州の地場食材ではなく，北海道，アメリカやロシアからの輸入食材である。

　地域で伝統的に食べられてきた郷土食でもなく，地元で獲れる原料を加工した食品でもない明太子は，一体どのようにして福岡を代表する味となり，特産品としての足場を築くことに成功したのであろうか。また，いかにして福岡が国内生産量の7割を占めるまでの一大産地として発展してきたのであろうか。

　本章の目的は，福岡名物となった明太子を開発し，明太子産業の発展の基盤を作り上げた企業のあゆみをたどり，地域特産品の創出と地場産業としての発展に対する示唆を得ることにある。福岡で一大産業として成長するまでの軌跡を改めて振り返ることで，地域創生における企業の役割，新産業の創出と振興につながるマーケティングを成功に導く手がかりを得ることができよう。

　以下，第2節で明太子のルーツを紐解き，明太子が福岡に根を下ろすまでの経緯と市場の現況を整理する。続く第3節では明太子産業が発展する基盤を作った中核企業の事例を概観し，第4節で地域特産品の創出と地場産業としての発展を考察する。最後に本事例を通して，地域創生における企業の果たしうる役割を検討する。

2 ｜ 明太子のあゆみと発展

2.1　朝鮮型明太子の輸入と日本型明太子の開発 —朝鮮半島から下関へ—

　明太子の起源は朝鮮半島にある。朝鮮半島ではスケトウダラのことを「明太」_{ミョン}と呼び，明太_{ミョンテ}の卵に塩をまぶし，ニンニクや粉唐辛子で調味し，発酵させた惣菜「明卵漬」_{ミョンランジョ}（タラコのキムチ漬）を日常的に食べていた。昭和初期から終戦にかけて，朝鮮型明太子は釜山と下関（山口県）との間を結ぶ関釜連絡船で朝鮮半島から日本の下関に輸出され，そこから全国に出荷されていた。1923年の資料によると，下関港の取扱量が全体の約85％を占めていた（今西・中谷 2008，p.167）。

　終戦後，朝鮮半島からの明太子の輸入が途絶えた。戦前の朝鮮半島の明太子を求める注文に応じるために1947年頃から下関の業者（油政商店や高井商店などの海産物問屋）が，北海道や東北，北陸産のタラコを仕入れ，全国に先がけて，塩や唐辛子などの調味料をまぶす方法（唐辛子・調味散布型）で明太子の製造・販売を始め，下関明太子として日本各地に出荷していた。これが戦後の日本における明太子製造・販売の嚆矢であり，1947年から1949年頃までは明太子製造・流通の中心は下関であった（今西・中谷 2008，pp.152-167）。

2.2　福岡県における調味液型明太子の開発と発展 —下関から福岡へ—

　福岡県が明太子の生産地として大きく発展したのは戦後しばらく経ってからである。

　第3節で詳述するが，福岡県の明太子産業の発展は，株式会社ふくや（以下，ふくや）の創業者である川原俊夫氏が1949年1月10日に仕入れたタラコ（明太子）を販売したことが起点となる。販売当初はなかなか売れず，日本人の嗜好に合うように約10年間の試行錯誤が続いた。その後，調味液に漬け込み，熟成させる独自の製法（調味液型）を完成させ，地元で一躍人気商品となった。このふくやの成功を受け，1960年頃から福岡市を中心に明太子製造業者の創業が相次ぎ，生産の中心地は下関から博多（福岡）へと移った（今西・中谷 2008，

図表 | 7－1　地域別明太子・タラコの主な製造業者・関連業者数

明太子業者・関連業者数（地域）	業者数
①福岡県	284
②福岡県以外の九州・沖縄	18
③山口県	25
④宮城・青森・新潟・富山・石川・福井・関東・東海	50
⑤大阪・兵庫・広島	15
⑥北海道	204
⑦東京築地市場（場外・場内）	146
⑧関連団体	52
業者総計（関連団体含む）	794

出所：今西・中谷 2008，pp.390-408「資料6」に基づき筆者作成。

pp.167-171, 316)。

　1960年代後半からは原料となるタラコの大量安定供給により，明太子産業が大きく成長した。1977年から現在に至るまで，200海里による日本漁船の漁場縮小のため原料を輸入に依存せねばならなくなったが，全国には明太子・タラコの製造業者，流通・販売など関連業者・団体が約800社あり，水産業の中でも重要な位置を占めている（**図表7－1**）。

　とりわけ福岡県は明太子の国内生産量の7割を占め（川原 2013，p.22），流通も含め多くの企業が集積する一大産地として成長を遂げた。日本の主な明太子業者の70～80％（約80社以上）が福岡市，とりわけ博多エリアに集中している（今西・中谷 2008，p.169）。

　また福岡県には明太子を販売する店も多く（福岡市に91店，2位の北九州市は44店），福岡市のタラコ購入量は1,555グラム（年35本前後の明太子に相当）で52都市中1位，タラコへの支出金額も6,527円で全国1位となっており，福岡市は一大消費地にもなっている（**図表7－2**）。

2.3　明太子市場の現況

　かつては明太子の総売上高は1,300億円以上あったが，米飯の頻度が減り，家庭用や贈答用の需要が低迷するなど，市場は縮小傾向をたどっている。2019

図表 7-2 タラコ・明太子の購入数量と購入金額

順位	都市名	購入数量
1位	福岡市	1,555
2位	青森市	1,529
3位	新潟市	1,424
4位	秋田市	1,390
5位	北九州市	1,218
6位	札幌市	1,088
7位	長野市	1,009
8位	前橋市	975
9位	山形市	967
10位	大津市	945

（単位：グラム）

順位	都市名	購入金額
1位	福岡市	6,527
2位	北九州市	5,366
3位	新潟市	3,772
4位	青森市	3,494
5位	秋田市	3,479
6位	大津市	3,118
7位	前橋市	3,069
8位	長野市	2,955
9位	山形市	2,813
10位	札幌市	2,608

（単位：円）

出所：福岡市（2020）

年度の明太子の市場規模は515億円と試算されている（富士経済 2020）。**図表7-3**が示すように，ふくやを筆頭に，販売高・シェアの上位を福岡県の企業が独占している。

　各社がそれぞれ味や風味，辛さや食感，熟成を工夫し，高価格帯の贈答用のみならず，家庭用あるいは業務用の切れ子（切れたり，傷がついた明太子）やばら子（皮のない加工用明太子）などを販売している。直営店，インターネット通販，空港や主要鉄道駅，高速道路，百貨店や量販店での小売販売の他，飲食店，コンビニエンスストアなどの業務向け販売など多様な販売チャネルを形成し，マーケティングを展開している。

　明太子の市場規模が縮小する中，明太子を加工した新商品による需要喚起，海外市場への販路拡大，飲食店など新規事業参入などで各社がしのぎを削っている。

　明太子が福岡を代表する特産品となり，福岡が一大産地となった背景には何があったのであろうか。以下の節で明太子の誕生と産業の基盤形成に貢献した企業のあゆみを振り返る。

図表│7－3　明太子メーカー各社の販売高とシェア（2019年見込）

企業名（所在地）	販売高 単位：百万円 （2019見込）	シェア （%）
ふくや（福岡市）	12,400	24.1
やまやコミュニケーションズ（福岡市）	12,200	23.7
かねふく（福岡市）	6,400	12.4
福さ屋（福岡市）	4,750	9.2
博多屋（福岡県粕屋郡新宮町）	3,600	7
かば田食品（福岡県北九州市）	3,400	6.6
山口油屋福太郎（福岡市）	2,450	4.8
前田海産（山口県下関市）	850	1.7
その他	5,450	10.6
合計	51,500	100

出所：富士経済（2020）に基づき筆者作成（所在地加筆）。

3 博多名物・辛子明太子の誕生と成長

3.1　食料品店ふくや創業（1948年）と「味の明太子」の開発

　朝鮮半島（釜山）で生まれ育った川原俊夫氏（1913－1980年）は終戦後，博多に引揚げ，1948年10月5日に25軒からなる中州市場で主に業務用食材を扱う食料品店「ふくや」を創業した（**図表7－4**）。

　翌年の1949年1月10日に初めて，仕入れたタラコを（スケトウダラの魚卵を塩蔵したもの＝明太の子）を「メンタイ（明太）」として金魚鉢に入れて店頭で売り出した（社史，p.121）。発売当時は冷蔵設備がないため日持ちもせず，辛い物を食べ慣れていない日本人の味覚には合わない明太子は売れず，作っては廃棄を繰り返す日々が続いた。当時はサンマ1匹の販売価格が10円であったが，明太子は100グラム120円（キロ1,200円）という高値で販売されていた（社史，p.83）。

　しかし，川原氏は「おいしいものは必ず売れる」という信念を持ち，釜山時

図表│7－4　店頭に立つ創業者・川原俊夫氏

出所：株式会社ふくや提供（社史，p.80）。

代に食べていた懐かしい惣菜「明卵漬（タラコのキムチ漬け）」の味を求めて試行錯誤を繰り返した。PTAなど地域の集まりに試作した明太子を持参しては味の批評を求め，日本人の好む味になるよう調味液の配合（唐辛子や鰹節，昆布などの調味料をブレンド）を工夫した（社史，pp.83-88）。

　約10年にわたり味の改良を重ね，調合した微粉唐辛子と秘伝の調味液に塩抜きしたタラコを入れて漬け込み，熟成させる独自の製法「調味液型明太子」を1960年頃に完成させ，「味の明太子」と名付けて売り出した（今西・中谷 2008，pp.167-171）。近所の小学校の教論が得意客となり，中州の小料理屋やバーが酒の肴として購入し，東京や大阪などから福岡に赴任した人や出張に来た人が買い求め，福岡名物としてクチコミで少しずつ知られるようになった（産経新聞九州総局 2017，p.57）。1956年4月には，中州本店（福岡市博多区）とは別に，支店第1号となる「薬院支店」（福岡市中央区）を開店し（道路拡張により1989年1月末閉店），2店で販売した（社史，pp.90-91）。

3.2 中州市場の行列，製法公開による相次ぐ参入

　1958〜1959年頃になると「味の明太子」はコンスタントに売れるようになった（社史，p.86）。この頃にふくやで購入した明太子を，北九州の業者が高値で再販していることが発覚し，再販から「味の明太子」を守る一環として，創業10年を迎えた1957年にオリジナルマークの入った包装紙と看板が作られた（社史，pp.92-93）。

　1965年の暮れには，大阪の事業者からお歳暮用に1箱1万円の明太子を300個という大口の注文を受けた。以降，大阪からの出張者や話を聞きつけた福岡の政財界人の間でクチコミが広がり，中州市場に「味の明太子」を買い求める人の行列ができ，飛ぶように売れるようになった（社史，pp.102-103）。1965年，ついにふくやの年商は2億5,000万円になった（社史，p.104）。

　中州市場には地図を片手にふくやを探す客が増え，ふくやの斜め前にあった漬物佃煮店「いとや」に間違って入ることが多かった。いとやの店主が「味の明太子」を置かせてもらえないかとふくやに相談にきたが，川原氏は鮮度に責任を持つことができる製造直販にこだわるため卸売をせず，いとやに作ることをすすめ，作り方や原料の仕入れ先を教えた。また，同じ中州市場のふくやの右隣にあったかまぼこ店「むかい」にも製法を教えた（社史，pp.105-106）。川原氏は「メンタイは惣菜である」という理由から「味の明太子」の商標権や製法特許を取らず，同業者に惜しみなく製造方法を教えた（味の決め手となる調味液や微粉唐辛子の配合は各社が工夫することを求め，秘伝とした）。

　こうして，中州市場にはふくや以外にも明太子を製造・販売する店が誕生した（**図表7−5**）。

　明太子が好調に売れ始めた1960年代後半から1975年にかけて，福岡市に明太子を製造・販売する業者（鳴海屋（1966），山口油屋福太郎（1973），山本物産（1974，現やまやコミュニケーションズ），かねふく（1978），福さ屋（1978）など）の参入が相次いだ（今西・中谷2008，p.170）。

　ふくや創業者が同業者に製法を公開したことにより，福岡で多くの企業が明太子の製造販売を始め，博多の特産品として明太子が定着する基盤が形成された。各社が味に工夫を凝らし，空港や主要鉄道駅などの土産店，百貨店やスー

図表│7-5　　いとやとふくやの店頭に並ぶ「味の明太子」

注：1975（昭和50）年頃撮影
出所：ふくや提供（社史，p.106）

パーに卸売りを始めるなど，各社各様の販路開拓，マーケティングを展開した。これにより福岡の消費者だけではなく，出張客や観光客の間で博多土産としてより広く知られるようになった。

　ふくやは委託販売はせず，消費者にできるだけ安く，新鮮で品質のよいものを届けることにこだわり，1970年に，鮮度のよい状態で消費者に届けるために明太子の航空貨物輸送を開始した（社史，p.109）。

3.3　博多名物，全国へ ―事業の成長と地域貢献―

　1975年3月には山陽新幹線の岡山―博多間開通に伴い，東京と博多がつながり，明太子は大阪・東京をはじめとした全国販売への足掛かりを得た。観光客や出張客が博多名物，九州の土産品として明太子を買い求め，博多名物「辛子明太子」の需要が一気に高まり，京阪神，関東に知られるようになった。かつては50社ほどであった明太子の製造業者も，この頃には約120社に上るほど業界も急成長を遂げた（社史，p.171）。

図表│7－6 ふくやの売上推移

年度	売上
1960	8,900万円
1965	2億5,000万円
1975	5億9,900万円
1980	27億8,800万円
1985	68億8,100万円
1989	113億円
1993	176億円
1998	156億円
2003	184億円
2008	181億円
2013	151億円
2018	146億円
2020	114億円

出所：社史, p.248, 株式会社ふくやホームページに基づき筆者作成。

　山陽新幹線の乗り入れに勢いを得て，ふくやの1978年度の年商は20億円（4年前の3倍）となり，年を追って明太子の売上が伸びた（**図表7－6**）。1980年に発表された「昭和54年度高額所得番付」で川原氏は福岡市トップの高額納税者（2億693万円）になった（社史, pp.118-119）。

　事業が順調に拡大する中，創業者の川原氏は地域を活性化させるために「中洲まつり」を発案し，資金提供を行うなど積極的に地域活動を行った。PTA活動のみならず，中州町連合会会長，櫛田神社宮総代，博多祇園山笠振興会副会長など多くの役職を務め，地域活動や福祉団体への寄付にも尽力した。博多の味を作り出す地元の中核企業として，地域経済，産業振興のみならず地域活性化にも貢献を続けた（社史, pp.135-154）。

3.4　事業承継と地域貢献の継続

　創業者の没後，1980年8月に個人事業であったふくやは法人化され，株式会社ふくやとなった。1981年に工場を新設し，1983年に吉塚に直営店を開設した。

味と品質を維持するために直販にこだわってきたふくやは，全国の消費者に直接販売する新たなチャネルとして，1985年に受注センターを開設し，電話での通信販売を開始した。その後，通信販売の売上は急増し，全体の売上の半分を占めるまでになった。明太子の製法公開と同様に，この通販システムを地元の企業に公開したことにより，福岡には多くの通信販売企業が誕生した（産経新聞九州総局 2017，p.67）。1997年に公式ホームページを開設し，受注できるシステムを構築した。地元福岡を中心に（中州本店），主要鉄道駅，空港などに35店（福岡24店，北九州2店，筑豊2店，筑後4店，東京2店，大阪1店）の直営店を開設している（株式会社ふくやホームページ，2021年9月時点）。

　創業70周年の節目にあたる2017年に，創業者の孫にあたる武浩氏が第5代目の社長に就任し，創業者の志を引き継ぎ，地域に根差した祭りやスポーツ，イベントなどに積極的な支援を行い，様々な地域貢献活動に取り組んでいる。

4 地域特産品の創出と地場産業としての発展

4.1　地域特産品の開発と市場の成長

　ふくやが独自製法によって明太子を開発し，その製法を公開した結果，多くの製造業者が福岡に誕生し，地域特産品として知られるようになった。ふくやは個人事業としての経営基盤を築くだけではなく，明太子市場の成長・拡大を促し，地場産業としての発展を支えた。朝鮮半島由来の明太子が下関を経由して博多に根付き，地域を代表する特産品となった事例からは，地域特産品の創出と地場産業としての発展について3つのポイントを導出することができる。

(1)　「地域資源を活用しない地域特産品」の創出

　明太子は福岡で伝統的に食されてきた郷土食でもなく，博多という土地が原材料の調達，製造・加工，販売において何か特別な優位性を持っていたわけでもない。地域特産品，とりわけ加工食品は地場食材を活用し，その土地の地理や気候，歴史，文化，伝統に根差したものとして生み出されることが多い。しかし，明太子は原料となるタラコの大半をアメリカやロシアからの輸入に頼り，

福岡で二次加工し，地域の特産品として売り出すことに成功した。本事例は地場の原材料や地域特性に依存せずとも，魅力ある地域の特産品を生み出すことが可能であることを示している。消費者に好まれる味を追求した博多の個人事業者が開発・改良を重ね，鮮度や品質を厳しく管理しながら製造販売を続けた結果，地元の枠を超えて，全国に知られる特産品としての味を作り出すことに成功した事例である。

(2)　成長期における製法公開，相次ぐ市場参入による地場産業化

　福岡名物としての認知度と売上が急速に伸びる成長期に，川原氏は商標権や製法特許を取ることなく同業者に惜しみなく製法を公開した。こうして，ふくやの「味の明太子」にならって他店も「味の明太子」を作ることになり，ふくやが所在する博多という地域に明太子製造企業が多く誕生し，明太子の一大産地となる素地が出来上がった。参入業者の増加により，地場産業の集積が形成され，産業としての基盤が強化された。これは一見すると自らの手で競争相手を育て，将来の競争の種をまいたようにも見えるが，地域の同業者との共存共栄の道，福岡の産業振興，地場産業としての発展の道を選択したようにも見える。明太子の需要が高まり，市場が拡大する時期に個人事業としての成功のみを追求するのではなく，企業の参入を促し，産業としての裾野を広げた。相次ぐ後発企業の参入が福岡を代表する味として明太子の認知度を一気に高め，市場での普及・成長を促進する役割を担ったということもできる。

　競争戦略では，最大の市場シェアを持つマーケット・リーダーがその地位を維持するためには，市場の拡大・業界全体の需要拡大を図り，自社の市場シェアを防衛・維持することが定石となる。したがって，マーケット・リーダーであるふくやにとって，明太子市場全体の拡大・明太子の需要拡大を図る上で，同業者に製法を公開し参入を促すことは戦略的に正しい判断であった。

　数多く生まれた地域の製造業者が，明太子作りや流通チャネル構築に取り組んだことで市場が拡大し，個人事業者では到達しえない場所に明太子を届けることが可能となった。7割を占める生産量を作り出す地場産業の基盤を築き，地域ブランドとしての圧倒的な強さ，競争優位性を獲得することに成功した。つまり，個人事業としての成功にとらわれず，同業者の市場参入を促すイン

図表│7－7　特産品・地場産業と地域

地域
産業振興
経済活性化

業界
市場規模の拡大
ブランド管理

個人事業者
特産品の創出
ブランド育成
市場創造

出所：筆者作成

キュベーターとなったことで，短期間のうちに業界の成長，市場需要の拡大，地場産業としての発展を実現することができたといえよう（**図表7－7**）。

　ふくやは，鮮度や品質を維持するため卸売は行わず製造直販にこだわり，1970年に航空便輸送を導入し，1985年に電話で受注するシステム，1997年にネット通販システムを導入，電子メールでの受注を開始している。時代の変化に即応し，ダイレクトに消費者に提供するチャネルの整備を図り，品質を維持しながら販路拡大を図り，高まる需要にこたえた。ふくやは明太子の製法を公開した時と同様に，通信販売のシステムを地域の企業に公開し，地元の通信販売企業の成長にも大きな役割を果たした。インターネットをはじめとする通信販売チャネルの整備と強化は，地方の企業にとって商圏・販路を一気に全国規模へと拡大させ，新規需要を掘り起こすための有効策であるといえる。

(3)　成熟期における地域社会への貢献

　ふくやが試行錯誤を繰り返す中で新たな地域特産品を生み出し，地域の中核企業として他の中小企業の育成を支援し，地場産業の基盤を形づくった功績は大きい。また，品質重視のものづくりを通して，明太子を地元福岡だけではなく，福岡を代表する土産品，贈答品として磨き上げ，競合他社と切磋琢磨する中で福岡の一大産業を育てあげた。中でも注目すべきは，業者が次々と参入し，

競争が熾烈化する中にあっても，地域に根差した経営を行い，事業を通して得た利益を地元福岡に積極的に還元していることである。創業者の志を引き継ぎ，ふくやは地域経済の担い手としてだけではなく，文化やスポーツ，祭りなど地元に根差した活動の支援者として地域貢献活動を行う社会的な役割を担ってきている。

4.2　地場産業の健全な発展を目指す取り組み —成熟期におけるリスク管理—

(1)　市場の拡大と包装・表示問題の発生

　1989年には多くの製造業者の市場参入とあいまって，明太子の総売上高も小売りベースで1,000億円を超えるまでに明太子市場は拡大した。

　しかし，1987年に明太子の誇大広告や虚偽広告，過剰包装（上げ底）を問題視する新聞記事が掲載された。2月に福岡県内の消費者団体が独自基準での審査に乗り出し，合格となったのはわずか4割のみであった。3月には福岡県が「公開試買検査」を実施し，全24商品のうち17商品の表示や包装などの問題点を指摘した（産経新聞九州総局 2017，p.75）。こうした問題発生の背景には，需要の急拡大と業者の急増により，原料卵の仕入れコストが高くなり，内容量を減らさざるをえない事情や贈答品として見栄えのよい包装が必要とされた事情があったが，順調に成長してきた明太子業界は過剰包装や偽装表示で明太子の評判を落とすリスクに直面していた。

(2)　業界団体の設立とルール整備

　公正取引委員会や福岡県が主要メーカーに改善を求め，1987年8月に45社が「博多辛子めんたい協同組合」（初代理事長：福さ屋創業者：佐々木吉夫氏）を結成した。福岡県内の主要メーカー8社（かねふく，鳴海屋，福さ屋，山口油屋福太郎，ふくや，やまや，むかい商店，西川商店）が中心となり，ルール策定を開始した。

　1989年に明太子製造業者・販売業者からなる「全国辛子めんたいこ食品公正取引協議会」（初代会長佐々木吉夫氏）を設立し，業界団体として消費者からの信頼回復に努めた。

　具体的には，「辛子めんたいこ食品の表示に関する公正競争規約」（「必要表

図表 | 7-8　公正マーク

出所：全国辛子めんたいこ食品公正取引協議会ホームページ

示事項規約（第3条）」，「過大包装の禁止規約（第7条）」，「不当表示の禁止（規約第8条）」が規約の3本柱）の遵守を審査し，適正な包装や表示をしている商品に「公正マーク」を付けることを許可する制度を設け（**図表7-8**），消費者が安心して選択・購入できるようにした（産経新聞九州総局 2017，pp.75-78，全国辛子めんたいこ食品公正取引協議会ホームページ）。

　全国辛子めんたいこ食品公正取引協議会は，①製造会員（88名），②販売会員（7名：百貨店，量販店，スーパーなどの業者），③特別会員（20名：容器・包装資材，印刷，原材料，検査機関などの業者），合計115名によって組織されている（全国辛子めんたいこ食品公正取引協議会ホームページ，2020年5月時点）。福岡における明太子産業の集積は，地域全体で競争優位性を確立するのに役立っているだけではなく，健全な業界の発展のために表示や包装についてのルールを定め，業界としてリスク管理を行うという強みを発揮している。

5 ┃本事例からの示唆

　福岡の「辛子明太子」は，戦後しばらく経った後，ふくやの創業者である川原氏が試行錯誤の末に日本人に好まれる明太子の味を作り出し，博多名物として育て上げた歴史がある。明太子の味と鮮度を重視し，品質と価格を直接販売によって管理することにこだわった。一方，ふくやは自社商品「味の明太子」の商標権や製法特許を取らなかったため，多くの企業が明太子の製造に参入し，需要の大きい福岡・博多に集積が形成され，地場産業として成長・発展を遂げた。

　川原氏は自社の「味の明太子」での市場独占，あるいは個人事業の成功だけを目指さず，他社の参入を促して福岡における地場産業として明太子産業と市場を育てることに成功した。食料品店を営む個人事業者として福岡に新たな地域特産品を創出し，需要を生み出すにとどまらず，明太子産業興隆の基盤を作った。それだけでも十分な功績，地域貢献であるが，地域の中核企業として地域活性化や福祉事業などの地域活動の支援にも積極的に取り組んだ。

　ふくやの個人事業としての成功と製法公開によって，明太子製造・販売企業が数多く誕生し，産業集積が形成され，博多を代表する明太子という地域特産品がより一層強いブランド力と訴求力を兼ね備え，他のエリアに強力に発信されることになった。つまり，参入業者が増えるという裾野拡大によって，地場産業が形成されたというだけにとどまらず，強い地域ブランドを作り上げたということができる。

　また注目すべきは，明太子業界自らが戦後，博多で生み出された地域特産品の信頼を損なうことがないよう表示や包装などのルールを自主的に定め，リスクに対応する体制を構築・整備してきたことである。

　現在，消費低迷による市場規模縮小の中で，各社が味とマーケティング戦略に磨きをかけ，激しい市場競争を繰り広げている。2003年頃からは大手水産会社が中国をはじめベトナムやタイなどに工場を開設し，現地で製造した明太子を日本向けに輸出している。日本国内で製造される明太子は市場において輸入品との厳しい価格競争も強いられている。一方，明太子の新たな市場をアジア，欧米諸国に求める動きも見られる。

　市場縮小，市場競争の激化の中にあっても，福岡の明太子は今なお地域を代表する特産品として，産業振興，地域活性化に貢献している。明太子は1975年以降に福岡名物として全国に広まり，また地場に由来する地域資源を用いずに作り出される特産品としての特徴を持っている。しかし，戦後に福岡の地場産業としてともに発展してきた企業や業界には，市場環境が変化する中にあっても，地場の特産品の味と品質を守り，製品と業界への信頼をさらに高めながら，明太子の新たな活路を求める気概と覚悟とが備わっているといえよう。

◆　**参考文献**

今西一・中谷三男（2008）『明太子開発史：そのルーツを探る』成山堂書店。

株式会社ふくや（2017）『ふくや70周年史』。

川原健（2013）『明太子をつくった男：ふくや創業者・川原俊夫の人生と経営』海鳥社。

産経新聞九州総局（2017）『すごか！九州』産経新聞取材班。

富士経済（2020）『食品マーケティング便覧No.5』水産加工品「辛子明太子」。

株式会社ふくやホームページ

　　（https://www.fukuya.com/）

全国辛子めんたいこ食品公正取引協議会ホームページ

　　（http://www.mentaiko-ftc.org/）

福岡市（2020）Fukuoka Facts

　　（http://facts.city.fukuoka.lg.jp/data/mentaiko/）

第 **8** 章

着地型観光による地域創生

砂子隆志

　観光地ではいかにして地域創生を果たすべきであるか，本章ではこのヒントを導き出すことを目的としたい。地域創生のためには地域事業者の成長，発展が必要である。事業者にとっては観光客による消費拡大が課題となるが，そのためには旅の目的を提供し，旅の価値を高める取り組みが求められる。

　地域が主役となる着地型観光は，地域の価値創造，活性化のためには重要なテーマであり，地域創生に向けて欠かせない存在である。そのため本章では「着地型観光」に焦点を当て，事例分析を経て成功要因を導き出すこととする。地域において顧客満足度の高いコンテンツが生み出される要素を捉え，地域内連携の重要性，集積の有効性等にも触れることとする。

1 観光を取り巻く環境と課題

1.1　観光市場の動向と旅行消費額

　日本の観光市場は，旅行スタイルの変化や海外からの旅行者等の影響を受け，近年大きな変化を遂げている。国土交通省観光庁の「旅行・観光消費動向調査」（2019年年間値（確報），2020年 4 月30日発表）によると，2019年の旅行消

図表　8－1　旅行消費額

（単位：兆円）

	2018年	2019年
日本人国内宿泊旅行	15.8	17.2
日本人国内日帰り旅行	4.7	4.8
日本人海外旅行（国内分）	1.1	1.2
訪日外国人旅行	4.5	4.8
合計	26.1	27.9

出所：観光庁データをもとに筆者作成。

費額は27.9兆円であり，2018年の26.1兆円から増加をしている。

　2019年の旅行消費額のうち，訪日外国人旅行は4.8兆円と全体の17.2％を占めている。訪日客の消費は，2011年から2019年まで一貫して増加しており年々その影響力は高まっている。また，同じく訪日外国人旅行者数も大きく伸びており，2019年は3,188万2千人であった（日本政府観光局「訪日外客数　年間推計値」，2020年1月17日発表）。これは，2020年の目標数値4,000万人に向かって2019年までは概ね順調に推移をしてきたことを示している。しかしながら，旅行消費額（2019年4.8兆円）は，2020年の目標値（8兆円）に対し大きく乖離をしている。従って，客数は順調な伸びを示したものの旅行消費額については目標とは程遠く，実は観光における消費拡大が課題である。

1.2　地方への誘客の必要性

　旅行動向の重要な指標の一つ「宿泊者数」に注目をすると，新たな課題が確認できる。観光庁「宿泊旅行統計調査」によると，2019年の訪日客の延べ宿泊者数は前年比22.7％増と大きく増加をしているものの，日本人延べ宿泊者数は相対的に伸びが小さく，訪日客の影響力が年々高まっている。（観光庁「宿泊旅行統計調査（令和元年・年間値，確定値）」2020年6月30日発表）

　都道府県別では，訪日客は都市圏，地方ともに伸びており，2019年は三大都市圏（東京，神奈川，千葉，埼玉，愛知，大阪，京都，兵庫の8都府県）で前年比30.1％，地方部（上記以外の地方）では同12.0％の伸びであった。

　ただし，宿泊者数（ボリューム）は三大都市圏と地方部とで大きな格差が生

図表│8－2　2019年延べ宿泊者数（前年比）

	外国人	日本人
延べ宿泊者数	22.7％増	8.2％増

出所：観光庁「宿泊旅行統計調査」をもとに筆者作成。

図表│8－3　2019年三大都市圏および地方部における外国人延べ宿泊者数比較

	三大都市圏	地方部
三大都市圏および地方部における外国人延べ宿泊者数比較	30.1％増	12.0％増

出所：観光庁「宿泊旅行統計調査」をもとに筆者作成。

じている。従って，地方への誘客を拡大し，地方部における観光消費額を上げなければならない。今後はいかに地方を訪れて頂くか，そして地方で消費をして頂くかが課題であり，そのためには消費目的を取り揃える必要がある。

1.3　旅行スタイルの変化

　訪日旅行のトレンドにも近年変化が生じている。特に大きな変化は，旅行形態が団体客から個人客へとシフトをしていることである。今では，何度も日本を訪れるリピーターが増加し，自由気ままに日本旅行を楽しむ個人旅行客が主流となった。また，訪日客の消費動向にも変化が生じている。訪日目的として人気が高い「ショッピング」について，特に中国からの旅行者などは大量の土産品を購入する，いわゆる「爆買い」という消費行動が目立っていたが，最近では落ち着き，代わって体験そのものを楽しむコト消費（体験消費）が目立つようになった。日本人だけではなく，訪日客も祭りに参加したり，着物を着て散歩をしたり，あるいは酒蔵見学を楽しむなど，体験型観光に積極的である。

　すでに日本人は体験型中心へとシフトをしているが，今では日本人，外国人ともにテーマ性のある体験型観光を目的に旅をすることが主流である。

　そこで，各地域では観光客のニーズの変化に対応するため，行動派向けの体験プログラムを生み出そうと，地元の人たちが知恵を出しその地のことを深く知ることができる魅力的なプログラムを作ることとなった。観光庁ではこのような変化に着目し，「ニューツーリズム」として重視をしている。ニューツー

図表｜8－4　旅の目的の変化

以前（旅の王道）	昨今の変化
・人気の旅館に泊まる ・温泉に浸かる ・おいしい料理に舌鼓を打つ ・名所旧跡をめぐる	・「旅先で現地の人ともっと話がしたい」 ・「もっとその土地を深く味わいたい」 ・「日本という国をもっと知りたい」 →従来の定番旅行では少し物足りない。

出所：筆者作成。

リズムとは，従来の物見遊山的な観光旅行に対して，これまで観光資源として
は気づかれていなかったような地域固有の資源を新たに活用し，体験型・交流
型の要素を取り入れた旅行の形態のことを意味している。

2 ｜ 着地型観光の現状

2.1　着地型観光とは

　着地型観光とは，旅行者を受け入れる側の地域，すなわち旅行者にとっては
自らの旅行先となる地域（これを着地という）側が，その地域でおすすめの観
光資源をもとにした旅行商品や体験プログラムを企画・運営する形態のことを
意味している。観光庁では，このような着地型観光について，「独自性が高く，
ニューツーリズムをはじめ，その地域ならではのさまざまな体験ができること
から各地域の魅力を味わう上でおススメである」と解説をしている。なお，
「ニューツーリズム」はテーマ性が強い観光であるが，**図表8－5**のとおり，
地域の特性を活かしやすいことから，地域活性化につながるものと期待されて
いる。

2.2　着地型観光に取り組む地域の事例

　長野県飯山市は，早くから着地型観光に取り組んでいる着地型観光の先進地
である。飯山盆地を中心に，東西には山脈が走り，斑尾高原や北竜湖など多く
の自然資源に恵まれた地域である。雪国であるとともに江戸時代から続く寺町

図表｜8－5　ニューツーリズムの例

産業観光	歴史的・文化的価値のある工場等やその遺構，最先端の技術等を備えた工場等を対象とした観光で，学びや体験を伴うもの
エコツーリズム	自然環境や歴史文化を対象とし，それらを損なうことなく，それらを体験し学ぶ観光のあり方
グリーン・ツーリズム	農山漁村地域において，自然，文化，人々との交流を楽しむ滞在型の余暇活動。農作業体験や農林漁家民泊，食育など
ヘルスツーリズム	自然豊かな地域を訪れ，心身ともに癒され，健康を回復・増進・保持する新しい観光形態
ロングステイ	地域とのより深い交流により，豊かな生活を実現するもの（長期滞在型観光）
文化観光	日本の歴史，伝統といった文化的な要素に対する知的欲求を満たすことを目的とする観光

出所：観光庁ホームページの解説をもとに筆者作成。

文化も特徴であり，日本のふるさとにふさわしい豊かな風土を作りだしている。

１つの地域で300種類もの観光商品を開発

　飯山市の「一般社団法人信州いいやま観光局」は，着地目線の商品開発を熱心に推進してきた団体であり，「着地型観光」という言葉が定着し始めた頃から観光庁で成功事例として取り上げられている。市としては長野県内最小の人口数2.3万人余りであるにもかかわらず，季節折々の300あまりの体験プログラムを着地型旅行商品として開発，その流通・販売に取り組んでいる組織として紹介された。１地域で300種類という膨大な数の商品開発を成し遂げるためには何か仕組みが必要であるが，飯山市では独自の開発プロセスを有している点が特徴である。

　（一社）信州いいやま観光局は，現在では市全域の観光地域づくりを担う代表的な存在であるが，その始まりは平成6年のグリーン・ツーリズムやエコツーリズムへの着手にある。雪国であり多くのスキー客が訪れる地域ではあったが，グリーン期の集客の強化に向けてこれらは重要な取り組みであった。なお，平成30年（2018年）には観光地域づくり法人（DMO）として登録されており，着地型旅行商品の造成・販売等の業務も期待される存在である。

図表│8−6　（一社）信州いいやま観光局の観光地域づくりにおける特徴

観光地域づくりにおける特徴（信州いいやま観光局のケース）

①開発体制　　②先進性　　③外部人材の活用

出所：観光庁「地域いきいき観光まちづくり2010」をもとに筆者作成。

2.3　先進地の分析（観光地域づくりの特徴）

この飯山市の観光地域づくりにおける特徴は3点挙げられる。

1点目は「商品開発体制」である。300を超える着地型観光商品を開発し大きく注目を集めたが，この背景には飯山ならではの商品開発体制を構築したことがあった。プログラム開発においては，飯山市を大きく6つのエリアに区分し，それぞれの地域の人々が主体となってプログラム開発を行う仕組みとしたことが特徴的である。これにより地域の人材の育成にもつながった。

2点目は，「先進性」である。同組織は，これまで多くの先進的な取り組みを進めてきた。まだまだ定着していなかった段階でグリーン・ツーリズムに着目したこと，森林セラピー基地として国内初の認定を受けたこと，早期に旅行業登録を行ったこと等，常に先進の取り組みを進めている点が特徴的である。

3点目は，「外部人材の活用」である。（一社）信州いいやま観光局はIターン者が多く，外部人材が地域内の人材をうまく巻き込み，連携し，商品の開発を進めてきたことが特徴的であり，地域の視点のみではなく地域外（外部）の視点も活用することで効果を発揮している良い事例となっている。

3 ┃ 地域資源を活用した着地型観光の取り組み事例

3.1　意外に盲点となる「地域資源の発掘，着目」

現在，飯山市では，今や冬の風物詩となった「レストランかまくら村」という雪国の特徴を生かしたヒット商品を有している。市内に，毎年冬，雪で作られた20基程の「かまくら」を用意し，中で地元産野菜を入れた信州味噌仕立て

の名物鍋を食べることができるという商品である。夜は明かりが灯され，幻想
的な雰囲気が素晴らしく，宿泊プランも用意されている。

着地型観光は，地域の資源に気づくことができるかがポイント

　雪や氷という資源は，北海道をはじめ数多くの地域が有する資源である。景
観として，スキー場として，樹氷観光として等各地で活用する事例も多い。逆
に言えば，競合も多く他地域との差別化が難しい。例えば，雪中の散策等は多
くの地域で実施され，特徴づけは容易ではないが，飯山では雪国という特徴
（観光資源）を活かし，「かまくら」というテーマで人気の商品を生み出すこと
ができた。観光資源を効果的に活用し，成功へと結び付いた好事例である。

　現在の旅行形態は，「学び」等何らかの目的を達成するために出かける目的
志向が主流であるため，地域としては観光資源をもとに，旅の目的となるよう
な体験型の商品を用意し旅行者に訴求することが求められる。地域は，まず
「どの資源を活用するか」，次に「どう活用するか（活用法）」が問われること
となる。

　しかしながら，着地型観光商品の開発にあたっては，いわば後工程である商
品内容の企画やプロモーション面を重視することが多く，意外に「資源の選
定」については軽視されている。これは既知の観光資源，中でもすでに認知度
が高い資源だけに注目し活用策を考えてしまうためであり，本来その前に取り
組むべき「観光資源を探す」という前工程が欠落している。つまり新たな商品
が生まれる可能性を閉じてしまっていることとなる。したがって，はじめに
「どの資源に着目をするか」を考えることが重要である。

3.2　観光農園「NTAファーム」の事例

　飯山市では，地域事業者と外部企業とが連携し着地型観光に取り組むユニー
クな事例もある。旅行会社である株式会社日本旅行は，地元農家と連携し
「NTA（NIPPON TRAVEL AGENCY）ファーム」というりんご収穫体験農園を
運営している。NTAファームはいわゆる観光農園であるが，ターゲットを「訪
日客」に絞り込んでいる点が最大の特徴であり，主にアジア各国からの旅行者
に英語のガイド付きでりんごの収穫体験を提供している。りんごの収穫方法や

おいしいりんごの選び方などりんごに関する知識や地域情報等を英語でフレンドリーに案内し訪日客から評価を得ている。

　さらに現地ならではの楽しみを提供できるよう，地元事業者や団体と連携しサイクリングツアー等の着地型体験コンテンツの開発，提供も行う。運営する（株）日本旅行は，訪日客のコト消費需要に対応するため，また農業を通じた地域の活性化を目指し，地元との連携により取り組んでいる。収穫体験を通して地域農産物の価値や魅力を知っていただくとともに，高品質な果物のブランド化促進や海外への販路拡大を目指すものである。

着地型観光商品があれば観光客が訪れる

　信州の特産品といえば「りんご」が有名であるが，りんご農園というだけでは観光客の立ち寄りは難しい。ところが「独自の収穫体験」を提供することにより観光客が訪れる機会が生まれ交流人口の拡大にもつながる。誘客促進に長けた旅行会社が体験型観光に携わることで観光客の増加が期待できる。これは，地元と旅行会社とがうまく連携を図ったことによる効果である。

　飯山市の周辺には，野沢温泉をはじめ訪日外国人旅行者に人気が高い有名観光地があり，例年多くの訪日客が訪れている。特に野沢温泉へは飯山駅よりバスを利用して向かうことが一般的であるが，駅到着後すぐバスに乗車をしてしまい，飯山市内へ立ち寄る客は少なく課題となっていた。つまり，市内には訪日客にとって目的となるコンテンツが不足をしていたためである。そこで，NTAファームは訪日客向けに着地型商品を提供することにより，野沢温泉へ向かう客が立ち寄る機会を作り地域への来訪者の拡大に寄与してきた。

　また，訪日客は予期せぬ外部環境の変化により突如減少することもあるが，地域では常に集客が欠かせない。そのような状況下ではターゲットを柔軟にコントロールできる旅行会社が旗振り役となり地域と協働し集客策を講じることも有効である。訪日客が減少した2020年は，新たな日本人近隣地域向けの着地型観光商品を開発し，これまでのノウハウを強みに日本人客の誘致を果たした。

3.3　事例のポイントと得られた気づき

　NTAファームの事例から，いくつかの気づきを得ることができる。

　1つ目は，ごく一般的な「りんご」という観光資源の活かし方である。ここで提供するコンテンツは，どれも「りんご」を活用したものである。りんごは，県内全域でごく一般的な資源であり県内他地域との差別化も難しいものであるが，手を加えることで価値を創出し効果的に活かすことができる。

　2つ目は，ターゲットにより資源の活かし方，工夫点が異なることである。「りんご収穫体験」は訪日客，特にりんごに対する期待が高いアジア圏からの旅行者をターゲットとした商品である。また「収穫体験付きサイクリングツアー」は，主に欧米豪からの旅行者から高評価であった。さらに日本人向けには「りんご飴づくり体験」等を提供し，近隣から多くの新規顧客が訪れた。ターゲット別に資源を活かし商品を用意することで集客効果が期待できる。

　3つ目は，「地元」と「外部」との効果的な組み合わせである。価値ある商品を造るためには，「地元の思い」と「外部の目線」という両者が必要である。まず地元事業者による「地元産のりんごをアピールしたい」「もっと良さを知ってもらいたい」と思う熱い気持ち，地域としてのアイデンティティの有無がポイントとなる。それをどう活かし商品化するかという点では外部の目線も欠かせない。外からの気づきが加わると相乗効果が生まれることとなる。

　4つ目は，域外へのアピール力である。地元の思いを形にし，観光客を呼ぶためには，ターゲット客に魅力を伝えなければならない。域外へのアピール力を強化するためには，地域外企業の力を利用すると効果的である。事例では，地元農家が旅行会社という良きパートナーと連携し効果的な活動ができた。

　地域外，特に観光客が出発する側（発地側）との連携により，発地顧客に対する認知向上を図りやすくなり，誘客に結びつきやすくなる。このように，着地は発地とも連携することが非常に重要である。さらに，旅行会社を通した域外，海外への告知・集客は，広くブランディングを図る機会ともなり，農業者としては自社産品を地域外や海外へアピールすることにもつながる。

4 ┃ 着地型観光商品の開発プロセス

　売れる観光商品は最初から出来上がっているわけではない。地域としていかにして良い商品を生み出すか，そのプロセスこそが重要である（**図表8－7**）。

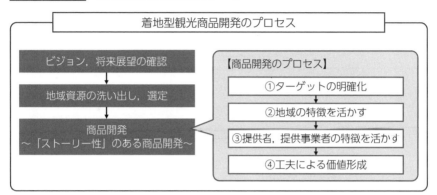

図表 8-7 着地型観光商品開発のプロセス

出所：筆者作成。

4.1 ビジョン，将来展望の確認

　売れる着地型観光商品を開発するためには，「ビジョン」の存在が重要である。自社は一体何のために観光商品開発を行うのかという目的意識が欠かせないのである。

「目的意識」（ビジョン）には，3つのケースがある

　1つ目は，着地型観光を，重要な「事業」とするケースである。自社の重要な事業と位置づけるため，思い入れや力の入れ具合が強く，経営資源の投下量も多いことから成功へと結びつく可能性が高い。成功する商品が生まれると，それは地域の宝として地域のブランド化やアピールにもつながるものとなるため地域にもメリットが大きい。ただし，このケースは意外に少ないと感じる。

　2つ目は，本業の付加価値化のために取り組むケースである。着地型商品そのもので収益を狙うのではなく，本事業の差別化手段として行うものである。例えば，観光地の旅館等が周辺を散策するツアーを行う場合である。宿泊者に対しサービスの一環として提供するため満足度向上につながるとともに，自社の売りとなり宿泊客の増加を見込むことができる。ただし，サービスとして無料化するケースも多く，こだわりが弱い中途半端な価値の商品も存在する。こ

図表│8-8　着地型観光に取り組む目的

	主なパターン	目的
パターン1	自社事業の柱として取り組む	自社着地商品の成功
パターン2	自社事業の差別化のために取り組む	自社事業の成功
パターン3	地域貢献のために取り組む	地域振興

出所：筆者作成。

れでは有料での販売は難しい。また，宿泊者都合の内容，時間で構成されるた
め，地域と触れ合う機会に制約が生じるなど，地域への波及効果が弱い恐れも
ある。

　3つ目は，地域貢献のために着地型観光に取り組むケースである。地域の観
光振興やブランド化を目的に，ボランティア的に取り組む場合などである。収
穫時期に地元特産品を振る舞う祭りなどは，地域にとして集客につながり，観
光客にとってもご当地の魅力を楽しめ満足度が高い。しかし，事業者としては
目的意識が弱く，自社事業としての集客には至らないこともある。一時的に地
域としては集客ができるが受け身的であり，継続性にも不安が生じる。

　このように，自社の事業の柱として取り組む意欲が高ければ高いほど観光商
品としての完成度も高く，成功につながりやすいことから，積極性のある事業
者の存在が重要である。自社の重要事業として自ら成果を出すことで事業者の
モチベーションも高まり，継続もしやすく結果的には地域創生への近道となる。

4.2　地域資源の洗い出しと選定 ―何を活かすかがポイント―

　商品開発工程では，閃いたアイデアだけに頼らず，最初に分析が必要である。
まずは地域資源の洗い出しを行う。より成功する商品を生み出すためには，商
品化に結びつく「資源」を集められるだけ集め，可能性を広げることが大切で
ある。実は，人気となった着地型商品の中には，意外な地域資源を活用したも
のも多く見られ，地域資源の洗い出しと着目こそが大変重要である。

　観光資源の中には，地域の人々が見過ごしているもの，気づいていないもの
もある。例えば，「雪」や「星」など，国内各地で日常的に見られる資源は，
自地域の観光資源として認識がされていないことがある。日頃から接する機会

が多く，日常化している場合などは本来貴重な観光資源であるにもかかわらず
それに気づかず見過ごしがちである。飯山市の事例で言えば，「雪」も各地で
楽しめる資源であり地元ではごく当たり前の資源であるという点では見逃しや
すいが，外部目線で「かまくら体験」としてうまく活用することができた。結
果的に「雪」は，有望な資源であるため，まずは貴重な観光資源として認識し，
活用対象として選定することが大切である。

　同じようなケースに，「水」「川」「里山」などが挙げられ，いずれも多くの
地域で見られる資源であり，効果的に活用し成功しているケースも目立つ。一
般的に，特徴的な山や海岸線，滝などの風景，寺社仏閣，文化，地元産の農産
物，海産物，そして施設などは，比較的地域資源として誰でも挙げやすいもの
である。これらは，地図に掲載されていたり，売り場で売られていたりするた
め知名度も高く地域の特徴的なものである。それに対して「雪」は，特に地図
に掲載されるわけでもなく，地域にとって日常に浸透しており，活かすべき資
源として見逃してしまう恐れがある。ところが，「雪」に着目し，手を加える
と独自の商品が誕生するように，いかに地域資源を発掘するか，また地域資源
として認識し選択をするかが鍵である。地域創生に向けた商品づくりにおいて
は，すでに有名な資源に目を向け，その活用方法を考える場面からスタートを
することが多いが，実は「洗い出す」という前段階が重要である。

4.3　「ストーリー性」のある商品開発 —地域の総力を結集—

　全国で提供されている着地型観光商品を分析すると，売れる商品には，「ス
トーリー性」があり，それは適切な商品づくりのプロセスから生み出されてい
る。

(1)　ターゲットの明確化

　売れている商品は，そのターゲットが明確である。誰のため，誰に向けた商
品であるのかが伝わってくる。ターゲット次第で好む商品が全く異なるため，
作り手は狙うべきターゲット顧客を明確化し商品づくりに取り組む必要がある。
また，ターゲットは年齢や性別だけではない。ターゲット設定を行う際には，
「居住地」「ライフスタイル」「行動志向」も意識したい。

図表│8-9　ストーリー性がある商品づくりの留意点

┌─────────────────────────────────┐
│　　　　　　　商品づくりの留意点　　　　　　　│
│　┌──────────────┐　┌──────────────┐　│
│　│①ターゲットの明確化│　│②地域の特徴を活かす│　│
│　└──────────────┘　└──────────────┘　│
│　┌──────────────┐　┌──────────────┐　│
│　│③提供者,提供事業者の特徴を活かす│　│④工夫による価値形成│　│
│　└──────────────┘　└──────────────┘　│
└─────────────────────────────────┘

出所：筆者作成。

(2) 地域の特徴を活かす

　商品づくりは，行程を具体化するという単純な作業ではない。これでは売りが見えない。まずは自らの地域を深く知り，掘り下げることが大切である。ここはどんな地域で，売りは何か等，地域の特徴を詳しく把握することが大切である。地域の特徴を踏まえた商品開発をすると商品に深みが出る。なぜこの地域で体験すべきなのかという観光客の疑問にも答えられ，お客様への説得力が高まる。

(3) 提供者，提供事業者の特徴を活かす

　観光商品の提供者も貴重な観光資源の一つである。地域に根差し，古くから地域とともに事業を営んできた事業者は，いわば地域の看板であり外から見ると魅力的な存在である。また地域を背負って立つ人物や貴重な技術，能力を持つ人物なども活かしたい資源である。主催する事業者の特徴を把握し歴史にも触れるなど掘り下げてみることで，強い差別化の要素やこだわりが生まれる。企業には，今に至るまでの物語がある。また，経営者はもちろん，商品提供者である従業員についても活かせる余地がある。人は非常に強力な資源であり，また他社にはない強みでもあるため差別化を果たすことができる。

(4) 工夫による価値形成

　売れる商品は，資源をもとに工夫という加工がされており，差別化ができているとともに，顧客価値が明瞭である。つまり，「資源」から「商品」へと変換するという作業ができている。前述の例では，「雪」という資源に手を加え

「かまくら体験」へと変換し，商品価値を形成している。

　商品を具体化する作業では，商品の根幹となる強み，「この商品によりお客様が得る価値は何であるか」といった顧客価値を考える。例えば，「地域に触れあい知識を得ること」を目的とした商品であれば，ガイドが重要な役割を果たすため，ガイドがその能力を発揮し，旅行者に地域との触れあい，知識を提供することができる商品企画を行うことで，商品の顧客価値を高めることができる。

地域内連携も重要

　顧客価値の創造は，自社だけで完結させる必要はなく，むしろ周囲との連携によりさらなる価値を生み出せることも多い。周囲との連携は，不足する資源の補完になるばかりか，より多くの地域資源を活用することができ，商品に広がりが生まれる。また地域と触れ合う場面，接点が増え，顧客満足度が高まるという効果もある。例えば，湖畔に位置する旅館が宿泊者向けに着地型観光商品を企画しようとする場合，自社単体で完結せず，湖畔の他の資源である飲食店，菓子店，体験施設等の事業者と連携し，湖周を周遊する商品を開発すると，各連携先が有する資源をもとに一層大きな価値を形成していることとなる。

　このように価値を形成したら，商品の特徴やアピールポイントの整理を行う。お客様には，特徴をわかりやすく伝えることが重要である。

5 着地型観光による地域創生とは

5.1　着地型観光の意義と価値

　着地型観光の価値，地域や事業者が着地型観光に取り組む意義は何であろうか。着地型観光は，地域が誇る商品の開発・提供というプロセスを経て地域創生にもつながるという点で大きな意義があり，以下のような効果がある。

(1)　魅力ある商品の提供

　売れる着地型観光商品は，商品そのものに魅力があり，観光客のニーズに応

図表│8−10　着地型観光の効果

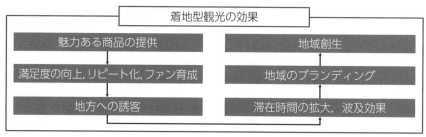

出所：筆者作成。

え，観光の目的にもなり得る貴重な存在であり，地域にとっては宝となる。また，開発プロセスを経ることで，事業者にとっては自らの地域資源を再認識する機会となる上，地域内の各関係者との連携が深まるなどの効果もある。

(2)　満足度の向上とリピート化，ファン育成

　魅力ある商品の提供により，参加者は高い満足感を得るとともに，再訪意欲が高まりリピート化にもつながる。リピート化を通して地域への愛着が高まることで地域のファンづくり，ファンの育成にもつながっていく。

(3)　地方への誘客

　着地型観光商品は地域のこだわりが詰まったテーマ性を有する商品であるため，旅の目的となる。地方圏でも資源を活かして商品開発を行うことができ，地方への誘客拡大という課題の解決にもつながるというメリットがある。

(4)　滞在時間の拡大と地域への波及効果

　観光客は，訪問先での着地型商品との出会いにより新たな観光目的が増えるとともに，参加を通して地域での滞在時間も増えることとなる。当初は立ち寄る予定がなかった所を訪れるきっかけとなったり，日帰りする予定であったところ宿泊をすることとなったりと，地域での滞在時間が増えることとなり，それに伴い消費の機会も増えるなど波及効果が高まることが期待できる。

(5)　地域のブランディング

　着地型観光商品は，その地域の宝として地域のイメージ形成にも大きな作用をもたらすもの，その商品を目当てに訪れることもあるものなど，地域の顔になりうるものであり，地域のブランド化につながるものである。例えば，「川がある」というだけでは地域としてブランド化が図りづらくとも，「川でラフティングをする」などのアクティビティを提供することにより，ラフティングを目的に訪れるお客様が増え，ラフティングの街としてのブランド化ができるという効果がある。地域内に同業者が集積している場合は，地域のイメージ形成にも一層大きく影響を与え，より大きなブランディング効果を得ることができるなど，集積としての価値を活かすことができる。

　着地型観光商品は，以上のような価値を生み出す効果があり大きな意義がある。これは，地域の持続的な発展や地域創生へとつながるものである。

5.2　着地型観光における人的資源の価値

　着地型観光商品は，地域への来訪客の増加だけにとどまらず，地域での消費拡大，ファンの創造，ブランド化など地域創生に向けて様々な効果が期待できるが，その取り組みのプロセスにおいては，「人」の存在が重要である。

　前述のとおり，価値のある商品を開発するためには，明確なビジョンを持つこと，地域資源に着目をすること，適切なターゲットの設定，地域性や企業の歴史を踏まえストーリー性を出すこと等のプロセスが必要である。しかしながら，それを担う主体者や推進体制次第で結果も左右される。着地型観光に取り組むには，それを推進する「人」を重視し，誰が着地型観光商品の開発を担う

図表│8-11　**商品を生み出す体制**

出所：筆者作成。

のか，またどのような組織，体制により商品開発を進めるのかについて計画をすることが肝心である。どの地域においても，その原点には，地域アイデンティティを持つ人材，キーマンの存在がある。飯山市の事例，あるいは成功する商品においては，①キーマンの存在，②地域の協力，③外部支援者の存在が重要な鍵となっている。

　まず地域内で着地型商品開発を積極的に推進する「キーマン」，次に地域内で推進役をフォローし不足部分の補完を行う「地域の協力」，さらに地域外から外部目線で気づきを与え支援する「外部支援者」の連携が重要である。地域が誇る自慢の商品を生み出すためには，このように地域内外の三位一体の体制で推進することが望ましい。

5.3　着地型観光に見る集積，ネットワークと地域創生

　着地型観光は，地域内外の組み合わせが大切であるが，これは単に内部対外部だけの問題ではなく，地域内の構造や体制のあり方も重要である。成功地域の内部構造を観察すると，うまく集積のメリットを活かしていることにも気づく。

　まず，キーとなる事業者に対し，地域内の利害関係者である連携事業者や観光協会，支援機関等が実に効果的に協力，フォローするという体制がとられている。地域内の構造に厚みがあり，内部で効果的なネットワークが形成できているのである。同じ地域に連携可能な事業者が多く存在すると，地域の資源や特徴をフルに活かした商品の創造が可能となり高品質な商品の提供にもつながる。また，互いに異業種ではあるが，同じターゲットに向けて事業を行う企業が地域内に集まり連携体を構成することで，新たな価値の創造につながるとともに生産性の向上が実現できるまさに集積の経済を活かしていることとなる。

　さらに，ここで重要なのは，地域外との接点を有する連携事業者や観光協会等が連携体に加わることである。それらが協力することにより，地域外のターゲットへのアピール力が高まり，広く流通を促進することができるようになる。

　観光農園の事例においても，「農家」を核に，地域内の「ガイド人材」「アクティビティ事業者」「特産品取扱業者」が連携することで地域を存分に体感できる商品が生まれる。そこへ地域外との接点を有する「旅行会社」「観光協会」

図表│8－12　**着地型観光の推進イメージ**

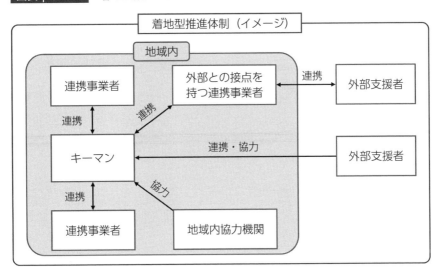

出所：筆者作成。

「宿泊事業者」が加わることで，地域外に対するプロモーションが実現でき，地域内相互連携による生産性の向上，成功へと結びついている。

　このように，異業種が集積し連携をすることにより新たな視点やアイデアが集まると同時に，相互に不足する資源や機能を補完し合うことができ，理想的な役割分担を通して1つの着地型商品を創造し，その価値を高め，流通させることが可能となる。

　観光は目的志向へと変化し，より地域との触れあいを重視する傾向が強くなってきている昨今，地域内で連携体を形成し地域総力で価値を高めることが望まれる。

　地域内の集積によりこの一貫したプロセスを円滑に進めることによって，価値ある着地型観光を通した地域創生が実現できることとなる。

◆　**参考文献**

観光庁「地域いきいき観光まちづくり2010（平成23年3月）「第4章 着地型観光に取り組む特徴的な組織」」

観光庁「旅行・観光消費動向調査（2019年年間値（確報），2020年4月30日発表）」

観光庁「宿泊旅行統計調査（令和元年・年間値，確定値，2020年6月30日発表）」

日本政府観光局「訪日外客数　年間推計値（2020年1月17日発表）」

観光庁ホームページ「ニューツーリズムの振興」

第 **9** 章

有田焼にみる海外展開と地域創生

山口夕妃子

　本章の目的は，伝統産業の一つである陶磁器産業の産業集積（産業クラスター）から地域創生の方向性を提示することである。事例として2016年に日本遺産として認定を受けた肥前窯業圏の有田焼を取り上げ，その地域性と陶磁器産業との関係性を考察する。

　肥前窯業圏（佐賀県・長崎県）には，窯業を営む条件として適した風土・自然があり，伝統を受け継いだ陶磁器生産の技がある。この陶磁器産業は，地域の環境・文化・景観と融合し発展を遂げてきた。

　佐賀県の有田焼という伝統産業に関する県の取り組みとして，海外展開である「有田焼創業400年事業」と「アーティスト・イン・レジデンス」を取り上げ，地域創生の新しい価値創造の「場」の形成プロセスを明らかにする。

1 ｜ 陶磁器産業における地域創生の方向性

1.1　磁器発祥の地　佐賀県有田町の概要

　佐賀県有田町は佐賀県と長崎県の県境近くに位置し，人口約2万人の小さな町であるが，1616年に李参平氏らが佐賀泉山磁石場で磁器の原料となる陶石を発見し，日本で初めて磁器の生産を始めた地域である。江戸時代前期1950年頃

にはオランダ東インド会社などを通じて，長崎の出島から西ヨーロッパへ陶磁器を大量に輸出していた（有田町史編纂委員会 1985, pp.384-400）。1967年のパリ万国博覧会への出品を契機として海外へ直接輸出も始め，有田貿易卸問屋も存在し，海外でジャポニズムブームを巻き起こし高く評価されてきた。

　有田町は焼き物の町として400年という歴史を誇り，現在でも江戸時代の建物も残る有田の風情ある町並み（内山地区）は，1991年に国の重要伝統的建物群保存地区に指定され，情緒豊かな町を形成している。この有田町と西有田町が2006年に合併し，現在の有田町になった。この旧西有田町には工業団地や棚田があり，鉄鋼業，農業などが盛んである。「有田」といえば有田焼を思い浮かべる人が多いと思うが，棚田米，きんかん，有田戸矢かぶ，佐賀牛，ありたどり，ありたぶたなど農畜産物の逸品がある。

　また，「秘色の湖」と呼ばれる有田ダム，「名水百選」「水源の森百選」に選ばれた清流が流れる竜門峡や器のテーマパークの有田ポーセリンパークなど観光資源も豊かにある。

1.2　陶磁器産業の課題と問題意識

　伝統産業は産地や製品の持つ特性によって市場での評価を受ける一方で，その特性に縛られる結果，新たな市場を見出すことが難しい産業でもある。つまり，地域に埋め込まれた制度的条件を背景に，産地としてのプレゼンスを高めてきた。伝統産業の一つである陶磁器産業もまた，地理的・歴史的・制度要因を時代の流れの中で産業としての発展を遂げてきた。しかしながら，伝統産業の多くは「原材料の確保が困難」，「後継者不足」，「販路開拓が困難」などの課題を抱え，地域の主要産業として地域経済の発展を担ってきた力を発揮できなくなってきている。

　本章では，伝統産業の一つである陶磁器産業を，地域創生という視点から考察することを試みる。「創生」とは第1章で述べられているように，「地域の生活社会や地域の経済社会の価値変遷に適合していること」であり，そのためには「地域アイデンティティの存在や地域の代表性」を持ち，そこに「新規性」と「革新性」が加わってくるということである。地域活性化の議論の多くは，地域の経済活動を主目的に論じられてきているが，「地域創生」で求められて

いることは，地域の経済活動だけではなく，地域固有の価値を見出した上で，第1章で述べられているように，再編集ではなく，新たな集積・ネットワークを見出してくことであると考える。本章では，佐賀県の有田焼という400年以上の長い伝統を持ち，また国内にとどまらずヨーロッパやアジアなど世界的に評価されてきた歴史を持っている地域の伝統産業を事例として取り上げ，佐賀県の400年事業の海外市場開拓の取り組みを中心に新しい価値を創り出すプロセスを考察することによって，地域創生に向けた一つの方向性を見出したい。

1.3　地域創生における「場」の形成プロセス

　本節では，地域創生における「新規性」と「革新性」という新しい価値をつく出す「場」の形成プロセスを考察する。一企業の活動や取り組みとは異なり，地域創生には様々なステークホルダー（利害関係者）・アクターが集まる。このステークホルダー・アクターとは，地域産業に関連する企業や地域住民，そこを訪れる観光客，自治体など多くの組織と人々を指す。その中でどのように他の地域と差別化し，地域の中心産業振興と地域振興を融合し，マネジメントしていくのかといったことが大きな課題となる（山口 2011）。陶山（2007）は「地域をマネジメントするということは，ステークホルダー（利害関係者）相互間やステークホルダーと地域資源との間のバリューの交換を効果的・効率的に実現していくこと」と指摘する。また，武邑（2004）も「地域の内部と外部に存在する住民双方からコミュニケーションを強化する必要がある」という。つまり，地域の創生においては，その内部における資源や価値，情報を効果的・効率的に交換することが求められている。その交換が新しい価値を創造するためには，参加者間の相互作用を生み出し，かつ相互作用によって多様なコンテクスト（文脈）を持つ「場」が形成されなければならない。

　「場」の定義は伊丹によれば「人々がそこに参加し，意識・無意識のうちに相互に観察し，コミュニケーションを行い，相互に理解し，相互に働きかけ合い，相互に心理的刺激をする，その状況の枠組みのことである」（伊丹 2005，p. 42）としている。この伊丹の「場」の議論を踏まえ，松岡（2018）は次のように述べている。

　「場が機能することにより，場の情報的相互作用が進み，そのことが参加ア

クターの個人的学習を刺激し，個人的情報蓄積が生まれる。こうした個人的情報蓄積は，さらに場の情報的相互作用を促進し，参加アクター間のアジェンダの共通理解と課題解決策への統合的努力が高まり，個人的学習のさらなる刺激と個人的情報蓄積の進展を生む。こうした個人的情報蓄積の進展が，さらに場の情報的相互作用を促進し，参加アクター間の共通理解（課題解決策としての社会イノベーションの共創・創発）を形成する」（p.195）。つまり，「場」を共有することによって情報を介する相互作用と共通理解が生まれ，参加アクター間の協働のループが形成され，さらにその結果として新しい価値が創造される。

　地域創生に関わるステークホルダー・アクターは多層的であり，多主体で構成され，それぞれが主体的に地域課題を解決するための様々な行動が求められる。

　本章では，その行動を「場」の形成プロセスと捉え，「場」の形成プロセスでどのように新しい価値を生み出しているのかを考察する。この「場」の形成プロセスにおいて「共創」とは生産者と消費者が協働することによって生み出されるものも含むが，ここでは地域課題に対して多様な利害関係者・アクターがお互いに情報や資源を共有し，協働して「場」を形成していくことを指す。また，場の「創発」とは，それぞれの主体が活動し，個々の要素が加わることによる総和よって大きな作用をもたらすことを指す。

　本章では，有田焼の陶磁器産業の海外展開の事例を中心に，地域創生の新たな方向性を「共創」と「創発」の場の形成プロセスとして考察する。

2 ｜陶磁器産業を中心とする地域課題 －有田町を事例に－

2.1　有田町の地域課題と新たな「場」の創発

　2006年の有田町の合併は新たな可能性を生み出した。1991年に国の重要伝統的建物群保存地区に指定された内山地区の魅力と旧西有田地区にある棚田は「日本の棚田百選」に選ばれるほどの景観を有している。他にも，「秘色の湖」と呼ばれる有田ダム，「名水百選」「水源の森百選」に選ばれた清流が流れる竜門峡や器のテーマパークの有田ポーセリンパークなど観光資源も豊かにある。さらに，2016年には，佐賀県伊有田町，伊万里市，武雄市，嬉野市，長崎県の

波佐見町，佐世保市三河内，平戸市の7地域が肥前窯業圏として日本遺産に認定された。

　有田町は，従来のものづくり産業を中心としたまちから有田焼と他の地域資源の魅力を付加したまちづくりが求められている。新たなまちづくりの「場」をつくりだしている2つの組織を紹介する。

　その1つは，2015年に有田商工会議所が出資して有田町に創立された日本版DMOの組織「まちづくり公社」である。このまちづくり公社の経営理念は「有田にプラスを。」である。この意味は，「有田の田の字の枠を取れば，＋（プラス）がでてくる。枠を外し，しがらみを取れば，宝が見え，面白いことができる」と，新しい有田町の観光の事業化と賑わいづくりを目的としている。主な事業は，着地型観光コンテンツや新たな観光拠点などの開発である。具体的な取り組みの一つである「有田まちなかフェスティバル」は，有田町の町民，町内事業者などが企画や運営に主体的に関わり，有田焼，アート，食，自然などの体験型観光プログラムやイベントを行うものである。このイベントでは，陶磁器をモノとして活用するだけではなく，生産工程を「見える化」することによって，工程そのものを楽しんでもらう体験型観光資源とする取り組みも行われている。またインバウンド誘致にも積極的に取り組み，このコロナ禍によって中断している取り組みもあるが，少人数制プライベートツアーなども行っている

　2つ目は非営利活動法人「灯す屋」である。この灯す屋は2018年に有田町にある空き家・空き店舗に新しい価値を付加し，地域住民・移住者などの暮らしをより豊かにするという目的で設立した。灯す屋は新たな空き店舗の活用として，秋の陶器市が開催される時に内山地区で「うちやま百貨店」を開催し，有田町に出店を考えている事業者の方に空き店舗を利用してその期間限定の店舗を出してもらい，店舗活用体験をしてもらうだけでなく，陶器市での賑わいをさらに創り出すことに成功している。

　これら2つの組織は，有田焼を中心としながら有田町の他の観光資源とどのように結び付けていくのか，観光だけなく，地域や地域の人々と多様な接点を持った関係人口を増やしていけるのか，といった課題に積極的に取り組んでおり，有田町に新しい魅力を付加している。

2.2　有田焼の陶磁器産業集積

　陶磁器産業集積の特徴として①中小規模の地方中心で中小零細企業が多いこと②多くの製品が産地名で総称される③産地ごとに原料や生産方法が異なり，製品特性が異なること④小規模産地では水平的な分業体制⑤大・中規模産地では垂直的分業体制が挙げられる（柿野 1985, 山田 2013）。陶磁器産業の産地はその地理的・歴史的背景をもとに，文化・社会経済的文脈に埋め込まれていることが多く，伝統産業の多様性はその産地の制度的要素が関係している（立見 2015, 水野 2013）。ストーパー（Storper 1997）はこの制度的要素の一つとして，「取引形態をとらない相互依存性」を産地の優位性であると指摘する。

　有田の陶磁器産業を上述の視点で考察すると，多くの中小規模の窯元が世襲的な熟練技術を有しながら，関連産業と有機的な連携をもった陶磁器産業集積を形成し，芸術品と呼ばれるものから一般向け量産品と幅広い商品幅を持っている。また有田の周辺地域との成型，素焼き，下絵付け，施釉，本焼成など各工程を務めた分業システムを構築していることも特徴として挙げられる（大木 2012, 波積 2019）。有田の周辺地域も陶磁器産地であり，採掘（天草）―製土（塩田（現嬉野））―成形（波佐見）―素焼き・施釉（有田・波佐見などの窯元）―焼成（有田・波佐見などの窯元）―絵付け（有田）といった生産工程を周辺地域分業体制で担ってきた歴史がある（波積 2019）。中小規模の窯元を中心としながら，それぞれの工程の専門的かつ技術的に熟練の技を持つ職人・企業がこの地理的な広がりの中で集積し，周辺の陶磁器産地と競争しつつ，連携・協力体制のもと400年という歴史の中で伝統を積み重ねてきている。

　また，有田には重要無形文化財という人間国宝に認定された陶芸家が存在し，産地ブランド形成に大きな役割を果たしつつ，窯元，職人，問屋などが個人間，組織間の有形無形のつながりの中で産地を構成している。

　有田焼の近年の売上は，**図表９－１**に示すように，1991年の５分の１程度に落ち込み，従業員数も３分の１程度に減っている。その背景として有田焼はもともとホテルや旅館などの業務用食器・割烹食器をメインに扱っていたが，その需要が減少し，円高による輸出競争力の低下や1990年代のバブル崩壊を契機とした低価格志向の高まりや個人消費の需要の変化などが挙げられる（佐賀県

図表 | 9-1　陶磁器関係販売額等の推移

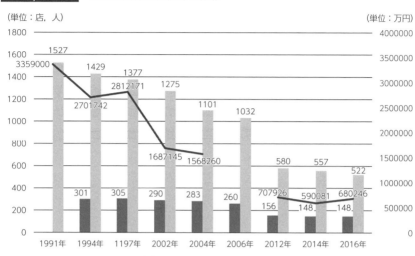

注：2006年の販売額は非公開
出所：有田町統計調査［2018年］

産業労働部経営支援課 2017）。伸び悩んでいる輸出の現状を次節で考察する。

3 | 有田焼の海外展開

3.1　陶磁器産業の輸出の現状

　有田焼の輸出の始まりは古く，1640年代から東南アジアへの輸出が始まり，1650年代になると東インド会社によってヨーロッパに輸出されるようになった（鈴木 2016・山田 2013）。海外では，有田焼は出荷された港の「伊万里」の名から伊万里焼と称されている[注]。

　2013年から佐賀県が取り組んだ「有田焼創業400年事業」を中心にその前後の輸出額の推移を佐賀県貿易白書で見ると，2002年から2007年までは2千万円に届かないところで推移していることがわかる。2008年から2012年の間は若干の増加があり，増減はあるものの約4千万円から6千万円の間を推移していた

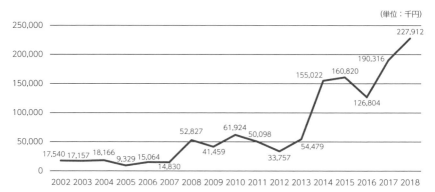

図表│9-2 佐賀県　一般陶磁器輸出額の推移

出所：佐賀県貿易白書

（佐賀県貿易白書）。有田焼の国内売上が約38億円であることを考えると，海外事業の占める割合は約1％とまだまだ低かった（佐賀県貿易白書）。

　しかし，この「有田焼創業400年事業」が始まった2013年以降の輸出額の推移を見ると，2012年は約3千万円であったが，「有田焼創業400年事業」終了後の2017年には約2億円と急成長している。

　この事業を通じて形成されたネットワークを通じて，現在も海外と交流を行い，海外展開を続けている窯元や商社もあり，「有田焼創業400年事業」が一つの大きな契機になっているといえるだろう。この点を踏まえて，次節では，「有田焼創業400年事業」の海外展開に焦点を当て，新しい「場」の形成プロセスを「共創」と「創発」という視点から考察することを試みる。

3.2　海外市場を視野に入れた取り組み─佐賀県有田焼創業400年事業─

　白磁器を初めて生産した1616年を有田焼創業元年とし，2016年に創業から400年を迎えるということで，「有田焼創業400年事業」が県の事業として始まった。今までの400年の歴史を「EPISODE 1」と位置づけ，2016年からを新しい物語を紡いでいく「EPISODE 2」として，2013年から事業が実施された。

　「EPISODE 2」の取り組みでは，海外市場を視野に入れた①既成概念にと

図表│9-3　「有田焼創業400年事業」　ARITA EPISODE 2

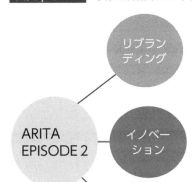

他にない有田焼の卓越した技術と品質の素晴らしさを伝え，有田の再評価を促す
→　欧州でのリブランディング/国際見本市の出展/高級レストラン等のPR

既成概念にとらわれることなく，新しい価値を生み出していく
→　デザイン開発機能の強化/｢クラウドファンディング」の活用などによるイノベーションを支援する仕組みづくり

優れた職人やデザインナーなど，有田焼の未来を担う人事の育成
→　オランダとの連携等による「プラットフォーム」の形成/人材交流/佐賀大学芸術地域デザイン学部開設

出所：筆者作成。

らわれることなく，新しい価値を生み出していくいう「イノベーション」，②他にない有田焼の卓越した技術と品質の素晴らしさを伝え，有田の再評価を促す「リブランディング」，③優れた職人やデザインナーなど，有田焼の未来を担う「クリエイター育成」の3つの考えを掲げ，焼き物産業だけではなく，他産業を巻き込んだ大きな展開を行った（山口 2016）。この事業では，以下の17のプロジェクトが2013年から2016年にかけて実施された（佐賀県有田焼創業400年事業実行委員会2017）。

(1) ARITA 400 project（メゾン・エ・オブジェへの出展）：工業デザイナーの奥山清之氏のプロデュースのもと，メゾン・エ・オブジェに出展し，欧州市場をターゲットとした有田焼の商品開発を行った。

(2) Fling ARITA project：国際線機内食用の食器としての有田焼の商品開発を行った。

(3) ミラノ万博2015プロジェクト：「食」をテーマにイタリアで開催されるミラノ国際博覧会（ミラノ万博）に出展。

⑷　欧州著名レストランとのコラボレーション：パリの３つ星レストランの
　　協力のもと，有田焼の酒器や食器で料理を楽しむイベントを開催し，バ
　　イヤー，ジャーナリスト，セレブリティたちを招き，有田焼の素晴らし
　　さを感じ，共有，発信してもらうことを通して，有田のPRを行った。

⑸　NEW ARITA400 "educe"（プロデュースプロジェクト）：榎園豊治氏のプ
　　ロデュースによって料理界の関係者と連携し，プロが求める食器の開発
　　を行い，世界各国のシェフ約40人を招聘した「世界料理学会 in
　　ARITA」の開催などを行った。

⑹　酒器プロジェクト：鷹巣翼氏のディレクションのもと，佐賀県内の酒造
　　メーカー８社の協力を得ながら酒器の開発を行なった。

⑺　SEEDS of ARITA：丸岩裕俊氏をディレクターとして，フランス・パリ
　　で行ったプロジェクト

⑻　ARITA SELECTION（豆皿プロモーション）：名児耶秀美氏のプロデュー
　　スのもと，「大きな産地を小さな皿を通じてみる」をテーマに，窯元26
　　社と協働で147点の豆皿を制作し，全国各地で展示販売を行った。

⑼　ARITA Revitalization：赤瀬浩成氏のディレクションのもと，４つの事
　　業を行った。参加窯元・商社は30社で，参加窯元・商社の「個別のブラ
　　ンディング」，窯元・商社が持つ歴史や個々の強みを再発見・認識し，
　　既存商品のブラッシュアップを目指した「つたうプロジェクト：生活雑
　　貨ブランディング」，既存の技術や型を活かした業務用食器の新ブラン
　　ド構築を目指した「業務用ブランディング」，商品の企画力・販売力強
　　化を目的とした「マーケティング人材育成プログラム」を実施した。

⑽　2016/project：柳原照弘氏のディレクションのもと，オランダとの連
　　携による新しい有田焼ブランドの開発「ARITA2016」を中心にクリエ
　　イターの集積の「場」としての有田を目指した。

⑾　クリエイティブ人材育成プロジェクト：次世代のクリエイティブな人材
　　育成の拠点をつくるため，佐賀大学との連携，新たな人材育成研修を
　　行った。

⑿　Arisan Collaboration Project（伝統工芸産地間コラボ）：全国の伝統的工
　　芸品産地との交流を通じて行った，産地や業種の枠組みを超えた伝統工

　　芸品の再興を目的としたプロジェクト。「燕銅器工芸組合」「高岡伝統産業青年会」「会津漆器協同組合青年部」「萩陶芸家協会」などと一緒に交流事業を行った。

⒀　ARITA VALUE CREATION LAB（有田焼価値創造研究所）：新しい価値を創造することを目指し，伊万里・有田焼の産地事業者と外部有識者が集い，「技術」「デザイン」「経営」の３つの視点から，明日の産地を考える「場」の提供として研究会や意見交換会を行った。

⒁　Manutacturing Innovation Project：佐賀県窯業技術センターを拠点とした次世代陶磁器産業に貢献する先端技術の開発を行い，型を用いない製造を可能にした。

⒂　大発掘プロジェクト：有田町・黒牟田の国史跡「山辺田（やまべた）窯跡」の発掘調査を実施し，有田焼の歴史的役割を考察した。

⒃　クラウドファンディング活用プロジェクト：有田焼の新たな消費者層の獲得を目指してクラフドファンディングの活用を行った。

⒄　焼き物文化の発信：有田焼の魅力発信のための様々なPR手法やコンテンツなどの開発を行った。

　17プロジェクトは，有田焼の産業振興だけではなく，この取り組みを通じて，有田という地域や文化の魅力を国内はもとより海外にも発信することで，有田の地域，佐賀県の文化・観光の魅力を認識してもらう取り組みでもあった。地方の地域創生の取り組みの中で海外展開を視野に入れた事例として「有田焼創業400年事業」はユニークなものであるといえる。次節では，「有田焼創業400年事業」の一つでもある「ARITA2016」のプロジェクトを中心に具体的に考察していく。

4 ｜ グローバリゼーションによる地域創生

4.1　ものづくりにおける海外デザイナーとの協働ネットワークの形成

　「有田焼創業400年事業」のプロジェクトの一つであるARITA2016は，駐日オランダ王国大使館と佐賀県との「クリエイティブ産業の交流に関する協定」

をもとに，海外デザイナーと有田焼の窯元・商社との協働によるARITA2016ブランドの展開を行った。10の窯元と6つの商社が，オランダを中心とする8カ国の16組のデザイナーと手がけたこのプロジェクトは，クリエイティブ・ディレクターの柳原照弘氏を中心として国際的に活躍するデザイナーと有田の持つ職人技術と専門知識をマッチングする試みであった。

　2015年にイタリアの国際見本市「ミラノサローネ」でPRし，翌年2016年には約300アイテムに上る新ブランド「2016」商品を発表するに至った（佐賀県有田焼創業400年事業　佐賀県プラン2013年，川島 2016）。このプロジェクトを主導した百田陶園は，世界中のデザイン関係者から高い評価を得，現在はヨーロッパを中心に18カ国以上で展開している（日本経済新聞2021年3月21日付）。

　このARITA2016プロジェクトで創られた有田焼は，従来の有田焼をイメージする消費者からすると，伝統的有田焼とは一線を画したものであった。とはいえ，分業制から成る有田焼は元来，横のつながりが希薄であったが，このプロジェクトが参加者の互いの情報や資源を共有する場となり，柳原氏のプロデュースのもとで窯元や商社などが協働することによって新しい有田焼を生み出した「共創」の場の提供であったといえる。また，このプロジェクトは県の補助事業という枠組みの中で成立させるのではなく，その後の継続性を考え，参加企業が後に事業化するということを目指したものであり，終了後も自律的システムの形成として「2016株式会社」を設立し，プロジェクト参加者の強みと特性を活かそうとした取り組みであると評価できる。

　また，このプロジェクトによって海外クリエイターとのネットワーク構築ができ，交流の場を創出できた。海外デザイナーの考えるモノづくりと参加した窯元と商社が持つ技術を駆使するARITA2016の商品開発における協働はもとより，人的交流も活発に行うことにより，窯元と商社がそれぞれの立場でモノづくりを考える「創発」の場を生み出したのである。

　このプロジェクトには，「共創」と「創発」の場を生み出し，新しい有田焼の一つの新たな方向性を見出すという目的があった。次節で述べるが，海外デザイナーとの「共創」は新たな有田焼を生み出し，その経験を継続させるということでクリエイティブレジデンシー有田の事業へとつながった。

4.2　有田町におけるクリエイティブ産業の形成プロセス

2013年に始まった「有田焼創業400年事業」では，日本の市場だけはなく，世界を見据えたターゲット設定と商品開発を目的とした産業振興であったが，その関わりでつながった海外関係者との関係性を継続し，世界に発信できる魅力的な地域づくりを行うこととして，2016年からクリエイティブレジデンシー有田が始まった。

この試みは，有田町がモノづくりのプラットフォームとなり，世界のクリエイターが訪れたいと思う町になってほしいということと，有田町の陶磁器産業へクリエイティブな考え方をもたらしたいということから行われている事業である。まず最初の取り組みとして，2016年6月〜11月にオランダから2組のアーティストとデザイナーがレジデンスに滞在し，創作活動を行った。Creative Residency Aritaと県が中心となり，海外の大使館からアーティストを紹介してもらい，佐賀県陶磁器工業組合と連携して受け入れ先の窯元を選定して海外アーティストを受け入れている。2020年時点で24件を実施し，うち10件ほどでは，窯元と海外アーティストとが一緒に制作を行った。

この事業における海外アーティストのメリットとしては，有田町にはアーティストの求める様々な技術を持った職人がいることである。有田には原料から型づくりなど分業体制が整っていて，工程ごとに抱える課題を解決できる高い技術を持った職人が存在し，かつ伝統的な手わざと最新の3Dプリンターなどの幅広い技術などもある。他地域の取り組みはアーティストが個人単独で，日本の文化にインスパイヤされて創作活動を行っていくところが多いが，有田では，アーティストが創作活動において有田の町の持つ魅力からクリエイティブな刺激を受けることももちろん評価されているが，有田の町のハイブリッドの生産体制がアーティストの抱える創作における技術的側面を解決できることも高く評価されているのである。その結果として，滞在した海外アーティストがイタリアのコンペティションで最優秀賞を受賞したり，帰国後もさらに競争的資金をさらに獲得したりするという好循環を生み出している。またこの海外アーティストは母国に戻った後，発信力を持った人となり，有田の魅力を伝える役割を担っている。

　一方で，この事業は市場開拓が大きな課題となっている。アーティスト・イン・レジデンスは製品化の前段階でとどまっているものもあり，すべてが商品化できているわけではない。この事業終了後，商品化するためには投資が必要になってくる。そのリスク負担をどこが担うのかということが大きな課題である。つまり，市場への挑戦は，地元の窯元にとっても商社とってもハードルが高くならざるを得ない。

　有田焼は従来から顧客層がホテルや旅館の業務用陶磁器として購入するのが中心であったため，それらの顧客を対象にして販売を行っていた。従来の業務用顧客とは違う一般消費者に対する販路開拓には，従来と異なった市場へのマーケティング戦略を考えていくことが求められている。

5 ｜ 有田焼を中心とする地域創生の課題と展望

　消費者が「有田焼」と聞けば，特定の文様，色柄，絵柄などを思い出すように，仕様などに関して特定の要件を満たさなければ，「有田焼」と認知されないといったことが産地ブランドとして求められてきた。つまり，地域に埋め込まれた制度的条件がブランド力として強い力を持って産業振興を推進するときもあれば，後退させることもある（山口 2020）。

　有田町における海外市場を視野に入れた取り組みやレジデンシーという取り組みは，海外アーティストとの「共創」によって新しい価値観や生活様式が有田の中で根付いていくことによって，クリエイティブ産業の礎になる「創発」の場の提供となっていることが明らかになった。つまり，創発の「場」が有田創業400年事業によって創造されたことが，地域創生の有力なあり方として示されたことが重要である。

　有田町には人口約２万人と小さい町ではあるが，陶磁器産業振興400年の歴史の中で多様性を生み出してきた素地がある。人間国宝と呼ばれる陶芸家がいたり，宮内庁ご用達メーカーがあったり，その一方で生活に密着した身近な陶磁器をつくる窯元があったりと多様な作り手が存在し，多様な有田の焼き物文化を生み出してきた。

　もちろん，この県を中心とする取り組みがそのすべて順風満帆であり，課題

がないというわけではない。しかし，この事業をきっかけに様々な産業や地域外あるいは海外の「ひと」が関わることによって，地域内外の新たな経済循環の萌芽が生まれ，今までの産業振興にはなかった新たな「共創」と「創発」が生まれてきている。また，陶磁器産業を主要産業としながらも，他の魅力ある地域資源を発見し，新しい形で町内外，ひいては海外へと発信していく力が有田町の中から生まれ，さらなる有田の新しい魅力・価値を創出している。

　有田町の取り組みは，従来型の産業振興とは一線を画した，新たな需要を含む新しい地域産業振興の 一つのケースとして評価できる。

◆　注
有田陶磁器に関する歴史的な輸出や流通に関しては以下の資料を参考。
有田町史編纂委員会（1985）山田雄久（1996）下平尾勲（1978）

◆　参考文献
Storper.M（1997）TheRegionalWorld,TheGuklfordPress.
有田町史編纂委員会（1985）『有田町史　商業編Ⅰ』『有田町史　商業編Ⅱ』有田町。
伊丹敬之（2005）『場の論理とマネジメント』東洋経済新報社。
大木裕子（2012）「有田の陶磁器産業クラスター──伝統技術の継承と革新の視点から──」京都産業大学マネジメント研究会『京都マネジメント・レビュー』(21)，pp.1-22。
柿野欽吾（1985）「わが国陶磁器工業の構造」『経済経営論叢』第20巻第2・3号，pp.82-109。
川島蓉子（2016）「『"超える"』で継続有田焼再生プロジェクト」『日経ビジネス』5月号。
経済産業省製造産業局伝統的工芸品産業室（2011）。
佐賀県有田焼創業400年事業実行委員会（2017）「佐賀県有田焼創業400年。
佐賀県産業労働部経営支援課（2017）「有田焼の海外販路開拓に係る佐賀県の取組みについて～有田焼　再び世界へ！～」『自治体国際化フォーラム』VOL336，p.24。
佐賀県産業労働部『佐賀県貿易白書』。
志岐宣幸（2016）「認知度ゼロからのスタートで世界ブランドとして海外進出」『広報会議』
下平尾勲（1978）『現代伝統産業の研究』新評論。

鈴木由紀夫（2019）「有田焼の歴史と評価」有田焼継承プロジェクト編（2016）『有田焼百景』ラピュータ，pp.104-111。

陶山計介（2007）「都市再生のブランド戦略」大阪ガスエネルギー・文化研究所『CEL：culture, energy and life』pp.11-17。

関根靖浩（2016）「伝統工芸品産地の産業集積としての特徴と課題」大阪市立大学経営学会『経営研究』67（2），pp.97-115。

武邑光裕（2004）「地域社会のブランド構築—文化情報基盤整備をめぐって—」『観光文化』28（1），pp.2-6。

立見淳哉（2018）「知識・イノベーション・文化」『経済地理学の成果と課題Ⅷ集』64（5），pp.11-17。

波積真理（2019）「クラスターによる地域ブランド形成と展開」日置弘一郎・大木裕子・波積真理・王英燕『産業集積のダイナミクス』中央経済社。

松岡俊二（2018）「社会イノベーションの起こしかた」松岡俊二編『社会イノベーションと地域の持続性』有斐閣。

水野真彦（2013）「経済地理学における制度・文化的視点，ネットワーク的視点，関係論的視点」『経済地理学年報』59（4），pp.457-467。

山口夕妃子（2011）「波佐見ブランド構築の要件と課題」長崎県立大学産学連携チーム『波佐見の挑戦—地域ブランドをめざして—』長崎新聞社，pp.1-17。

山口夕妃子（2020）「肥前窯業圏における窯業産業振興と地域創生」『日本産業科学学会学会誌』（25），pp.100-104。

山口祥義（2016）「挑戦なくして，伝統なし」有田焼継承プロジェクト編『有田焼百景』ラピュータ。

山崎充（1977）『日本の地場産業』ダイヤモンド社。

山田幸三（2013）『伝統産地の経営学』有斐閣。

山田雄久（1996）「明治後期における肥前陶磁器産業の輸出戦略」『経営史学』第30巻4号。

第 10 章

山梨ワインクラスター
——文化システムの視点から見た地域産業——

田中　洋・仲田道弘

　山梨県は「ワイン県」を宣言し，日本最大規模のワイン産業を擁している。一方，旧世界と新世界のワイン産業はこの30年間に大きく拡大し産業クラスターとしてその規模を誇るようになり，山梨のワイン産業も大きな影響を受けながら，成長を遂げている。

　本章で考察するのは，次のようなポイントである。（1）ワイン産業クラスターとはどのようなものか，（2）山梨県のワイン産業はどのように発展し，現在どのようなステージにあるのだろうか，（3）山梨県のワイン産業をどのような視点で捉えなおすべきなのだろうか。

　本章では「文化システム産業」という視点を導入して山梨県ワイン産業を捉えなおす。

1 ┃ 問題意識

　本節では，山梨県のワイン産業クラスターに着目し，ワインクラスター概念について先行研究を展望してみる。

1.1　クラスター概念を巡って

　本節では，産業クラスター（industrial cluster）を鍵概念として，山梨県のワ

イン関連産業について考察する。世界における産業は地理的に均一に分布しているわけではなく，特定の地域にある特定の産業が集積していることが多い。Fujita & Thisse（2013）によれば，経済学において経済集積の立地は，「近接の必要性」と「クラウディング・アウト（押し退け）効果」の交互作用として見ることができる。各経済主体は，特定の場所に近接することによって利益を得るが，一方では，土地や環境といった希少な資源の使用を争う厳しい競争に直面することになる。

　クラスターを初めて経営学の概念として導入したPorter（1979）は，国の競争力を考えるとき「立地」の観点が重要であることを指摘し「互いに結びついた企業と機関からなるシステムであり，その全体としての価値が各部分の総和よりも大きくなるようなもの」（p.86）と考えている。クラスターの一例としてカリフォルニアのワインクラスターを挙げ，ワイン製造とブドウ栽培の両者に対して支援することで産業が発達していることを指摘している。

1.2　ワインクラスター研究

　世界のワイン産地のいくつかはクラスターとして捉えられ，多くの研究が存在している。

　北イタリアのシエーナやフィレンツェを含むトスカナ地方のワインクラスター研究（Zanni, 2004）によれば，トスカナワインが有名ブランドとして発展してきた背景には，2種類の起業家グループ（entrepreneurial actors）のモデルがあり，トスカナでは，①新しい起業家による伝統的ワイナリーを革新するモデル，②新規参入する起業家を中心とする現代的ワイナリーモデルの2つが，トスカナワインの発展に寄与している。

　Zanni（2004）は，トスカナワインの成功要因について，以下の5つのポイントを指摘する。①ワインビジネスの環境変化への対応，②ワインビジネスにおける「テロワール」の重要性（テロワール（terroir）とは技術・生産的な側面，歴史・芸術・文化の社会的側面，経済的側面という複合的概念），③リーダー企業の存在，④マーケティング戦略，⑤ビジネスモデルの進化，である。

　Sedoglavich（2009）は，オーストラリア南部ヤラ・バレー（Yarra Valley）のワイン産業の輸出成功の要因を，①輸出に関する情報入手，②個人ネット

ワークの重要性，③クラスター内部企業の限定された役割，であると分析している。また，Aylward（2003）は，オーストラリアワインの成功原因を，ワイン産地とイノベーションのメカニズムが緊密に連携しているためとしている。

井上（2019）は，カリフォルニア州ナパ・バレーのプレミアムワインが成功を収めるためには，「コミュニティ」に重点を置き「ビジネスと生活基盤が一体化しており，地域住民は相互扶助によって生活すること」（井上 2019，p.33）が重要であると指摘している。

長村（2016）は，ワインクラスターの旧世界クラスターと新世界クラスターとを比較して，なぜ新世界のワインクラスターが成長したのか，についてその理由として，①模倣による学習効果，②テロワールの存在の2つを挙げている。

竹中・齋藤（2010）は，スペインのワイン産業が質的に高いワイン産地へ変貌したプロセスを考察して，特定原産地呼称の一つであるリオハのように，「地域をイメージする豊かな想像力こそが，スペインあるいはヨーロッパの地域とそこに展開するものづくりを支える底力をなしている」（p.294）と述べている。

ワインクラスターの成功要因として，以下のように要点をまとめてみよう。

(1) **複合体としてのワインクラスター**：ワイナリーと地場のワイン生産企業だけでなく，農業者，流通業者，行政，ワイン関連の団体組織，観光関連産業，大学・研究機関，地元コミュニティなどが複合的に関わっている。

(2) **プレイヤー間の関係性**：これらの組織や個人たちが特定の理念のもとに関わり合い，関係性を保ち，コーディネートされている。

(3) **グローバル環境変化への対応**：ワインは「世界商品」であり，ワインクラスターのあり方には，常に海外のワイン産業や消費の変化が影響しておりこれらに対応していく必要がある。

(4) **地域ブランドの資源化**：テリトリー/テリトーリオ/テロワールなどの呼び方で言われているように，その地域独特の地域性・イメージをブランド化し，それをワイン産業の資源とする。

1.3　山梨ワインクラスター研究

　ワインの消費は平成の30年間で３倍に増加し（メルシャン 2019），ワインに関心を持つ人も増大している。しかしながら，日本のワイン産業の研究は立ち遅れており，詳細なデータは公開されていない（原田 2014）。

　そのような中，山梨県は2019年に「ワイン県」を宣言した（山梨県 2019）。山梨県は日本で最大のワイン生産量を誇り，ワイナリーの数も日本一である。

　影山・徳永・阿久根（2006）は，山梨県のワイン製造業の集積を「クラスター」と結論づけ，山梨県の高いワイン消費量や，ワイン製造業に関連した業種の存在を指摘している。林（2013）は，山梨県において近年，新しい形のアグリツーリズムが南アルプス市において発展したことを報告している。

　ここで，本研究のリサーチクエスチョン（RQ）を以下のように設定してみよう。

RQ：山梨県のワイン産業を「クラスター」と捉えることは適切だろうか。特に，「地域創生マーケティング」との関係から，どのように山梨県のワイン産業を捉えるのが適切だろうか。

　上記のRQに答えるために，以下では，まず山梨のワイン産業の全体像と歴史を概括し，さらに，現状を把握する。次に，より山梨県のワイン産業について詳細な情報を得るために実施したインタビュー調査の結果をまとめる。最後に，RQに答えるための考え方を提示する。

2 ｜ 山梨県のワイン産業の概要

2.1　日本のワイン市場

　国税庁の統計によると，日本のワイン市場はここ30年間ワインの出荷量が総じて右肩上がりとなっている。**図表10－1**「ワイン課税出荷額」が示すように，輸入ワインはこの30年間で3.5倍に拡大し，現在では国内生産ワインの２倍の出荷量となっている。アルコール市場が縮小する中で，唯一拡大しているのがワイン市場である。

図表│10-1　日本のワイン流通量（課税出荷額）

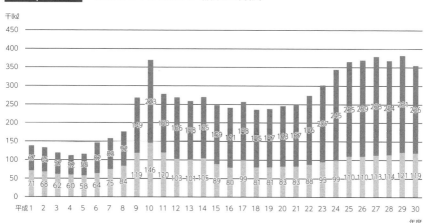

出所：国税庁 国内製造ワインの概況（平成30年度）

　時期によって需要の増減はあったが，その中でも大きなピークを築いたのが，平成9（1997）年からの赤ワイン・ポリフェノールの健康ブームの時期である。みのもんたさんが「赤ワインが健康にいい」と言うと，一晩にして赤ワインが市場から無くなった。このように紆余曲折がありながら，日本のワイン市場はこの30年間で約3倍にふくらんできた。しかしながら，国内で醸造されたワインを原料別で見ると，**図表10-2**のとおり国内分（全体の33.5％）のうち輸入原料（濃縮ブドウジュース）が28.9％，国産原料（国産ブドウ）が4.6％という状況になっていて，国産ブドウで醸造するワインは全体の5％に届かない状況である。

2.2　山梨県のワイン産業

(1)　日本ワイン市場における山梨県の位置づけ

　平成30年度において，全国には331社のワイナリーがあり，そのうち山梨には85社，長野に38社，北海道に37社，山形に16社，岩手に11社のワイナリーがある。これらのワイナリーによる日本ワイン総生産量は，1万6,612kℓである。

　海外原料を含め山梨県で醸造するワインの生産量は，30年前も今もほぼ2万

図表│10－2　**国内ワイン市場におけるワイン流通量の構成比**

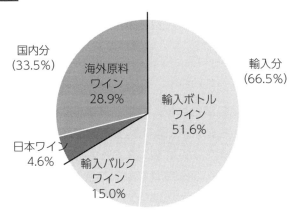

出所：国税庁 国内製造ワインの概況（平成30年度）

5,000kℓ前後で推移しているが，他県における海外原料ワインの生産量の増加に伴い，山梨ワインの全国シェアは10年前と比べると1/3から1/4へと減少し，**図表10－3**のとおり神奈川，栃木に次いで第3位となっている。

　現在，国内原料ワインにおける山梨県のシェアは31％となっている（**図表10－4**）。また，甲州ブドウから造られる甲州ワインの醸造量については，ここ数年3,000kℓ前後であり，ブドウの量とすると約3,500tが使われている。これは，日本ワインの中で16％のウエートを占めている。ただ，全ワイン市場，つまりボトルなどで輸入した海外からの輸入ワインまで含めると，日本ワインの生産量はたったの4.6％であり，甲州ワインのウエートは0.7％と1％を切っている。

(2)　山梨県経済における位置づけ

　次に，山梨県経済におけるワイン産業の位置づけである。山梨県の付加価値総生産額GDPにおいては，サービス産業が約45％，ワイン産業が含まれる製造業のGDPの割合は約30％である。製造業の指標である工業統計を見ると，平成28年度の山梨県の工業全体では出荷額2兆5,326億円，会社数1,738社，従業者数73,146人となっている。

　このうち果実酒製造業は，従業員4人以上の企業で出荷額159億円，会社数

図表│10−3　ワイン（果実酒）の都道府県ランキング

順位	ワイン生産量		ワイン出荷量		果実酒販売（消費）量	
		日本ワイン		日本ワイン		1人当たり
1	神奈川	山梨	神奈川	山梨	東京	東京
2	栃木	長野	栃木	長野	神奈川	山梨
3	山梨	北海道	山梨	北海道	大阪	京都
4	長野	山形	岡山	山形	埼玉	長野
5	岡山	岩手	長野	岩手	北海道	神奈川
6	北海道	岡山	大阪	新潟	千葉	和歌山
7	山形	新潟	北海道	岡山	愛知	大阪
8	千葉	宮崎	千葉	宮崎	兵庫	北海道
9	青森	島根	静岡	京都	福岡	沖縄
10	静岡	栃木	山形	栃木	京都	宮崎

出所：国税庁 国内製造ワインの概況（平成30年度）

図表│10−4　上位6県の構成比（日本ワイン生産量16,612kℓ）

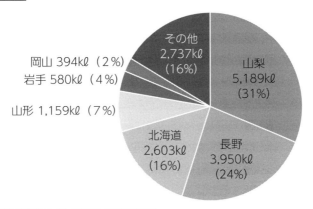

出所：国税庁 国内製造ワインの概況（平成30年度）

37社，従業者数801人となっていて，経済ウエートで見ると，出荷額で0.63%，従業者数で1.1%である。山梨県のワイン産業が生み出す付加価値は約0.2%の規模しかない。したがって，県内GDPへのワイン産業の貢献はわずかと言わざるを得ない。

　ワイン生産量が第3位の山梨県ですらこのような状況なので，日本全体においてもそれほど大きくないのが，日本のワイン産業だということができる。

(3)　山梨県内のワイナリーの役割

　日本のワイン産業の構造としては，キリン（メルシャン），サントリー（サントリーワイン），キッコーマン（マンズ），アサヒビール（サントネージュ），サッポロビール（サッポロビールワイン）の大手5社で約8割のワインを国内で製造し，その生産量の92％が外国から濃縮ブドウジュースを輸入して作ったワインとなっているのが現状である（**図表10－5**）。

　しかし，国内ブドウで造った「日本ワイン」のマーケット拡大をにらみ，すでに，キリン，サントリー，サッポロビールの各社は，山梨県にあるワイナリーを国産ブドウのみを扱う日本ワインの生産ワイナリーとして位置づけている。

　山梨県内の大手ワイナリーは，ワインの生産技術の高さを評価されている。

図表│10－5　**ワイナリー規模別の生産量**

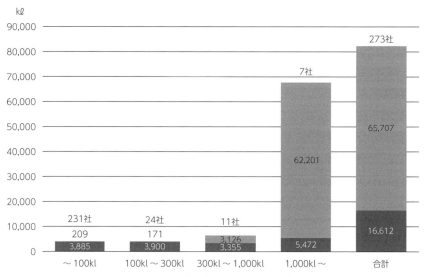

出所：国税庁 国内製造ワインの概況（平成30年度）

例えば，1980から90年代に甲州ワインの品質を一段と高めた「シュールリー製法」（ワインを発酵させた後に残る滓から，アミノ酸などのうまみ成分を抽出させる製法）が挙げられる。この製法は，メルシャンがフランスから導入した技術にもかかわらず，積極的に勝沼の小さなワイナリーにも技術移転を図ったものであり，勝沼のワイン産地としてのレベル，また甲州ワインの品質レベルを向上させることにつなげた。

3 ┃ 山梨ワインの発展の歴史

3.1　ブドウ畑開拓の歴史

日本ワイン産業の興隆期であった明治時代のワイン造りの歴史は，ブドウ畑開発の歴史といってもいい。明治15（1882）年に発行された桂二郎の「ブドウ栽培新書」の冒頭にある挿絵「欧州葡萄園の景」が，その目指す姿を物語っている。挿絵には，荒れ地で手のつかない山裾までブドウ畑として開拓している様子が描かれ，そこで収穫したブドウを高付加価値のワインにして国内や海外の市場に売り出すという計画がうかがえる。

明治19（1886）年の農商務省報告によると，西洋ブドウ樹の数は全国で67万本であり，そのうち最も多いのは愛知の34万本，次いで兵庫10万本，東京5万本，岡山4万本，広島3万本，青森3万本となっている。

これが，20年後の明治38（1905）年になると，西洋ブドウ樹が最も多いのは岡山で22万本，次いで栃木11万本，兵庫9万本，山梨7万本，茨城6万本，広島6万本となる。愛知県の知多半島を中心としたヨーロッパ系品種のブドウが，フィロキセラの影響で全滅していった様子がこの数字から見て取れる。

山梨県においても，明治6（1873）年の県産ブドウの収穫量はわずか43tで，これはほぼ甲州ブドウだったが，明治38（1905）年にはその40倍の1,697t，うち甲州が250t，西洋種が1,447tになった。そして，大正5（1916）年の記録では約60倍の2,950tで，甲州が660t，西洋種が2,290tになる。甲州ブドウの収穫量も多くなっているが，それ以上にアメリカ系品種を中心にした西洋ブドウの収穫量が拡大していることがわかる。

図表│10-6　ブドウの都道府県別収穫量（令和元年産）

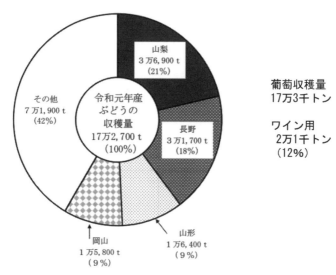

出所：農林水産省作物統計調査（2020）

　その後，日本各地での新しいブドウ産地の発展は目覚ましく，昭和3（1928）年には大阪府が山梨県を抜いて収穫量日本一となっている。これは甲州や甲州三尺が多くつくられたためといわれており，甲州ブドウの本場の山梨県が西洋品種をつくり，大阪などが甲州種をつくっていたのだった。

　そして最近では，**図表10-6**のとおり令和元（2019）年の日本のブドウ収穫量は17万2,700tで，大正5（1916）年の60倍となっている。山梨県はその約21％を占める3万6,900tで大正5（1916）年の15倍となったが，このうちワイン醸造用ブドウは約6,000tに過ぎない。

　生食用のブドウ畑が拡大してきた一方で，ワイン造りのためのヨーロッパ系品種の大規模産地化の取り組みはこれまであまり進んでこなかった。中央葡萄酒株式会社社主の三澤茂計氏は，平成14（2002）年に北杜市明野町の標高700mの地に12haのブドウ畑を開拓した。明野農場と名付けられたこのブドウ畑では，カベルネ・ソーヴィニヨンやカベルネ・フラン，シャルドネといったヨーロッパ品種を栽培。そして，このシャルドネから造ったスパークリングワインは，ロンドンのワインコンクールで最優秀賞を獲得した。また，この農場

では垣根仕立栽培で甲州ブドウの量産化に初めて成功している。明治の人々が思い描いたワイン専用ブドウの大規模栽培が，今始まろうとしている。

3.2　ロンドン進出

　2000年，グルメ漫画の草分け「美味しんぼ」は，それまで相性が悪かったとされる和食とワインをテーマにして，甲州ワインを取り上げてくれた。和食と合うワインとして甲州ワインを発見したという内容の漫画は，多くの山梨ワイン関係者にとって和食とともに世界を目指すという方向を明らかにしてくれた。

　それから10年後。ボルドー大学のデュブルデュー教授らの指導により，さらに品質を上げた甲州ワインは，日本オリジナルのワイン用品種，和食に合う唯一のワインという謳い文句で，2010年1月，ついにロンドン進出を果たした。

　イギリスは，フランスのボルドーワインを獲得するために戦争をしたくらい昔からワイン好きの国である。また，国内にワイナリーは多くないため，世界のワインを適切に評価してくれるのがロンドンである。そして，ロンドンがワインの世界では最も重要なマーケットといわれているのは，世界に300名ほどしかいないワインのスペシャリスト「マスター・オブ・ワイン」の本拠地であり，彼らを中心に世界のワイン情報の約7割がロンドンから発信されているためである。ここでワインが評価されることが，真の世界進出といえるとされている。

　2010年1月のロンドンプロモーションでは，世界的に著名なワインジャーナリストのジャンシス・ロビンソン女史が，甲州ワインを次のように評価してくれた。

　「世界の食は健康をテーマに，これまでの重い料理からヘルシーな料理へと主流が移っている。その最右翼は和食であるが，フレンチもイタリアンも健康志向の流れに沿って素材重視へと変化している。それに伴ってワインも，重い赤ワインから，軽いタッチの白ワインの需要が高まっている。今，ロンドンで一番売れているのがニュージーランドの白ワイン『ソーヴィニョン・ブラン』だが，『甲州』は白ワインの中で最も軽やかで繊細であり，今の食の流れとマッチする」「10年前だったら受け入れられなかったが，今こそ甲州ワインは世界で必要とされている」

　2012年には，山梨県の9社のワイナリーとロンドンのインポーターとの契約が成立して本格的な輸出が始まり，現在も毎年，輸出の実績を重ねている。国際商品であるワインにとって輸出は不可欠であり，輸出が国内の甲州ワインのブランド価値を高めている。それは，ブドウ価格や集客力の向上に反映され，農家やレストラン，宿泊などを含めたワイン産業クラスター全体が活性化されていく。

3.3　ワイン県へ ―ワインの裾野を拡大

　平成19年に行った東京丸の内OLに対する山梨県のイメージ調査で，「山梨と聞いて何を思い起こすか」の問いに，**図表10－7**のとおり自然や歴史を表す富士山や武田信玄ではなく，ブドウ・ワインで1/3，また，モモとフルーツを加えると約2/3を果物関連が占めた。

　この結果を見ると，山梨県には複数の地域ブランドが存在し，その内容は，ワイン，ぶどう，モモ，フルーツ，富士山，山・自然，ほうとうなど多岐にわたることがわかる。この場合，それぞれのブランド化を進める一方で，地域全体のイメージアップも進める必要がある。**図表10－8**のとおり，ブドウの房としてのブランディングである。

　その中でも山梨県が特に力を入れたのが，世界進出を果たした甲州ワインのブランディングだった。2016年，まずはワイナリーの集積地においてワインリゾート構想（**図表10－9**）を打ち出す。ワイナリーでの観光客等受け入れ態勢に加え，レストラン，宿泊施設での県産ワインの取り扱いと知識の向上など，地域でのおもてなしの充実を図る取り組みを行っていった。

　そして2019年，次に取り組んだのは，ワインと山梨を結びつける地域ブランド戦略である。8月，山梨県知事が「ワイン県」（**図表10－10**）を宣言して，ワイン県PR施設の整備とワイン県にふさわしい食文化の確立，そして県民あげて甲州ワインを誇りをもって飲むライフスタイルを確立していこうとしている。

図表 10-7　丸の内キャリア塾アンケート（H19.9.20）

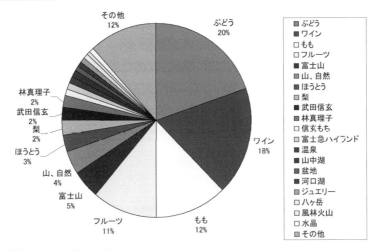

凡例：
- ぶどう
- ワイン
- もも
- フルーツ
- 富士山
- 山、自然
- ほうとう
- 梨
- 武田信玄
- 林真理子
- 信玄もち
- 富士急ハイランド
- 温泉
- 山中湖
- 盆地
- 河口湖
- ジュエリー
- 八ヶ岳
- 風林火山
- 水晶
- その他

注：平均年齢36歳　女性　226名
出所：山梨県（H19やまなしブランド戦略）

図表 10-8

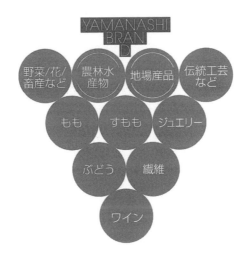

出所：山梨県（H19やまなしブランド戦略）

図表│10－9

【ワインリゾート構想における取り組み内容】

①ワイナリーの受入環境整備
②ホテル・旅館におけるワインでのおもてなしの充実
③飲食店におけるワインでのおもてなしの充実
④食の掘り起こしと魅力度向上
⑤ワインをはじめとする地域文化に対する意識の向上
⑥地域の歴史・文化資源の活用
⑦JR駅とワイナリー、ワイナリー間を結ぶ2次交通の整備
⑧地域の情報発信・広域案内の拠点づくり
⑨ワイン関連のアミューズメントの充実
⑩地域案内ガイドの育成
⑪地域案内サインのデザイン統一
⑫国内外へのプロモーションの強化
⑬ワイン産地の生産基盤の強化

峡東地域ワインリゾート構想推進協議会　平成28年1月設立

（構成団体（21団体））
　山梨市、笛吹市、甲州市、山梨県（観光部、産業労働部、農政部）、各市観光協会（3団体）、やまなし観光推進機構、各市ワイナリー団体（4団体）、JA（2団体）、各市宿泊施設団体（4団体）、県バス協会、県タクシー協会、（一社）ワインツーリズム
（アドバイザー（2名））
　日本ソムリエ協会　会長　田崎真也、立教大学観光学部　教授　庄司貴行
（オブザーバー（9団体））
　山梨県ワイン酒造組合、山梨県ワイン酒造協同組合、（一社）日本ソムリエ協会、東日本旅客鉄道（株）八王子支社、（株）JTB関東甲府支店、（株）山梨中央銀行、㈱大丸松坂屋百貨店、イオンリテール㈱、甲州市商工会

出所：山梨県（H28ワインリゾート構想）

図表│10－10

出所：山梨県観光部（2019）

4 | インタビュー調査からの発見

4.1 調査概要

　本節では山梨県のワイン産業の発展経路と現状について，より詳細な情報を得るために実施したインタビュー調査の結果を提示する。インタビューの概要は以下である。

第一回（2020/2/6）：山梨県観光部長・仲田道弘氏
　　　　　　　　　　（東京都千代田区にて，肩書は当時，本章の共同執筆者）

第二回（2020/11/4）：中央葡萄酒株式会社代表取締役・三澤茂計氏
　　　　　　　　　　LOCALSTANDARD株式会社代表/一般社団法人ワインツーリズム代表理事・大木貴之氏
　　　　　　　　　　（それぞれ山梨県勝沼市と甲府市にて対面で実施）

第三回（2020/12/14）：やまなし観光推進機構理事長・仲田道弘氏
　　　　　　　　　　（オンラインにて実施）

　インタビューはそれぞれ約1時間半実施され，筆者が記録し，レコーダーに録音した。インタビューの人選は仲田氏に依頼し，山梨県のワイン産業に革新をもたらした人物という観点で推薦していただいた。

4.2 中央葡萄酒株式会社代表取締役・三澤茂計氏へのインタビュー

　三澤氏は1948年山梨県甲州市出身。東京工業大学を卒業し，10年間の三菱商事勤務を経て，1982年中央葡萄酒株式会社入社，1989年から現職。「グレースワイン」で知られる同社で，日本固有種である「甲州」を育成し，デキャンタ・ワールド・ワイン・アワードで「甲州」でつくった「キュヴェ三澤甲州」が最高賞を受賞している。1987年，勝沼ワイナリーズクラブ初代事務局長を務める。第3節にもあるように，2002年に山梨県明野町に三澤農場を開設し，2005年にそれまで山梨県では一般的であった棚栽培に代わって，よりワイン造りに最適な垣根仕立栽培を開始した。2010年に甲州ワインの世界市場進出を目指し設立された"Koshu Of Japan（KOJ：甲州・オブ・ジャパン）"委員長，山

梨県酒造協同組合理事長に就任。2015年には同社に地下カーヴを完成させ長期
熟成のワインをつくる体制を整えた。著書として，三澤・三澤（2018）がある。
　インタビューと文献から，三澤氏たちが行った山梨県産ワインに関わるイノ
ベーションとは次の4点に集約されるだろう。

　　発見1）「甲州」地域性への着目：「勝沼ワイナリーズクラブ」を設立した
　　　　　　のは，山梨県のワイン造りが農村的な価値観であり「井の中の蛙」的
　　　　　　な側面があることを危惧したためである。海外産のワインに山梨県産
　　　　　　が対抗するためには，甲州の地域性や歴史が重要であると考えていた。

　　発見2）　マーケティング努力：KOJワインを海外に出していくべきである。
　　　　　　しかし，輸出をすると儲からないという意見もある。輸出を行うため
　　　　　　には国税庁の協力が必要であるが，県庁ががんばって，ブドウ品種の
　　　　　　甲州を2010年に品種登録することができた。

　　発見3）　地域ブランドの確立：山梨ワインの共通イメージが欠如していた
　　　　　　ために，GI（地理的表示）「山梨」を成功させようとした。地域の全員
　　　　　　が賛成し，山梨ワインが共通してイメージできるものでなくてはなら
　　　　　　ない。地域ブランドを確立させるためには，山梨には農村文化的発想
　　　　　　が必要だ。

　　発見4）　ワインの「場」の開発：トップクラスのワインは自分の畑でつく
　　　　　　るのが当たり前となっており，かつ，自分のワイナリーで熟成させ，
　　　　　　さらには，そのワインを「見せる場」（ラウンジやゲストハウスなど）
　　　　　　が必要である。ワイン造りには，①ブドウ畑，②醸造所，に加えて，
　　　　　　③ワインをプレゼンテーションする場，が必要と考えている。

三澤氏たちが山梨ワイン産業において興した「イノベーション」をまとめる
と以下のようになる。

　①　国際的に山梨ワインの名前を知らしめた（ロンドンプロモーションの成功
　　　と甲州表示の確立）

　②　原料ブドウの質の改善

　③　熟成庫など生産設備と技術への投資

　④　醸造家を組織して山梨オリジナルワイン造りの推進

　⑤　ワイン用ブドウの自家栽培

⑥　垣根仕立栽培の導入

⑦　ブドウ栽培農家とワイナリーとの関係構築

⑧　「勝沼ボトル」の認定

⑨　山梨ワイン啓発活動

⑩　シュール・リー製法の導入（麻井，2001）

⑪　「甲州ワインプロジェクト」推進

⑫　甲州ワインのブランディング

4.3　LOCALSTANDARD株式会社代表/一般社団法人ワインツーリズム 代表理事・大木貴之氏へのインタビュー

　大木氏は現在，LOCALSTANDARD㈱代表として甲府市でワインバーを経営するとともに，非営利組織であるワインツーリズム代表としても活動を行っている。大木氏がワインツーリズムを開始したのは，甲府市で飲食店を営みながらも，地域に何らか貢献できないかと考え，同時に山梨がワインで有名でありながらも，山梨県民自身の地元ワインへの関心が高くなかったことがきっかけとなっている。

　大木氏たちの主催するワインツーリズムは，団体でワイナリーを廻るのではなく，参加者が自らガイドブックで事前に勉強しておき，スケジュールをツーリスト自身で考える点に特徴がある。2019年には，ツーリズムの実施回数が約70回にのぼり，ツアー日数は2～3日，参加費5,500～8,800円で，参加者総数は1,597人となった。2008年以来の参加者は延べ5,000人程度となる。

　大木氏たちが起こした「革新＝イノベーション」は以下のように列挙することができる。

①　ワイン産業を二次産業から三次産業化したこと

②　多様な産業を横断するプラットフォームづくり

③　ワインツーリズムのブランド化と効率的PR

④　地元住民の地元ワインへの意識を高めることによる地域内経済の発展

⑤　ワインツーリズムのPR誌『br』発刊による山梨ワインの「イメージ化」

⑥　関係人口の増加

⑦　県内外のビジネスの「紐帯」を結び付けた

　総じて言えば，大木氏たちのワインツーリズム運動は，県内外の様々な組織体を結び付け，県民にとっても「ワイン県」としての自覚やアイデンティティを形成するための運動であると考えられる。

4.4　やまなし観光推進機構理事長（元・山梨県観光部長）・仲田道弘氏へのインタビュー

　長年山梨県ワイン産業発展に行政の立場から関わってこられた仲田道弘氏へのインタビューと同氏から提供された資料，仲田氏の著作（仲田，2018；2020）をベースとして，山梨県の行政とワイン産業との関係性において，どのような革新があったかを見ておきたい。

　山梨ワインが抱えてきた課題は，①ブドウ生産，②ワイン生産，③ワイン市場，④ワイン流通，⑤ワイン消費者の5つに大きく分けられる。

（1）　ブドウ生産に関する課題

課題1）　ワイン醸造用ぶどう（甲州種・（シャルドネ，メルローなどの）専用種）が高品質化した。

課題2）　ワイナリーと葡萄生産者の関係の変化。

こうした課題に対応して県や国の行政では以下のような対応を行った。

対応1）　ワイン産地確立事業の実施：優良系統・品種の選抜，高品質化に向けた栽培技術の確立，栽培指導体制の充実など。

対応2）　ワイン特区の設立：農地リースを可能にした。醸造量規制緩和によって最低6,000リットルの生産量を2,000リットルに引き下げた。

（2）　ワイン生産に関する課題

課題1）　甲州の醸造技術の高度化の必要性：白ワイン醸造技術は繊細であるために醸造が過去は困難であった。

課題2）　ワイン，果汁分析技術の高度化の必要性：より専門的な見地からワインや果汁の分析研究を進める必要があった。

課題3）　若手醸造家，農家の起業への期待：既存のブドウ農家の高年齢化により，新しいワイン醸造の担い手が求められるようになった。

上記の課題に対応して，以下のような行政側の施策が行われた。

対応1）　ワインセンター（醸造技術）による醸造技術の進展。

対応2）　ワイン品評会の実施：ワインの品質を評価し，品質を高めるための働きかけを行った。

対応3）　ワイン産地確立事業：ワインセンターによる分析技術の発展，若手醸造家と農家研究会が実施された。

(3)　ワイン市場に関する課題

課題1）　流通販路の拡大と多様化が必要（ワイン流通の課題）：既存流通，インターネット，直接販売，などのチャネルにどう対処するか。輸出についても地理的表示の問題があった。

課題2）　山梨県産ワインのブランド確立（ワイン消費者の課題）：リピーターやファンを醸成するにはどうしたらよいか。

これらの課題について，流通と消費者とでそれぞれ対応策が策定・実施された。

ワイン流通課題への対応：ワイン商談会（東京，横浜），トップセールス，5団体表示自主基準，甲州市原産地呼称制度，ワイン組合推奨マーク制度，国産ワインコンクール，甲州ワイン輸出プロジェクト，ワインツーリズムなどの企画と推進。

ワイン消費者課題への対応：ぶどうの丘・かいてらす・やまなし館，5団体表示自主基準，甲州市原産地呼称制度，ワイン組合推奨マーク制度，国産ワインコンクール，ワインツーリズム，新酒まつり，ぶどうまつり，やまなしブランド戦略，などの企画と推進。

山梨県ではこれらの施策を立案・実行するために，以下のような人的陣容を揃えて対処してきた。農政部果樹6次産業課 果樹担当4人，産業労働部産業振興課 地場産業振興担当6人（ワイン日本酒 2人），観光文化部観光振興課 ワイン県担当4人。山梨県は「ワイン県」として相当な人的・予算的資源をワイン産業のために費やしてきたといえるだろう。

先に第1節でワインクラスターの形成について，以下の4点を指摘した。①複合体としてのワインクラスター，②プレイヤー間の関係性，③グローバル環

境変化への対応，④地域ブランドの資源化。上記の３氏へのインタビューから
は，山梨県においても，同様なワインクラスター形成への努力がなされてきた
ことがわかる。

5 | 考察

　第１節では，ワイン産業とワインクラスターについての文献をレビューして，
以下のようなリサーチクエスチョンを設定した。
RQ：山梨県のワイン産業を「クラスター」と捉えることは適切だろうか。特
　　に，「地域創生マーケティング」との関係から，どのように山梨県のワイ
　　ン産業を捉えるのが適切だろうか。
　第２節以降の検討に基づいて，以下にこのRQに答えるための考察を述べる。

5.1　山梨県のワイン産業は「クラスター」か

　ポーター流の考え方に照らす限り，山梨県のワイン産業は，一定程度クラス
ターの性質を保持しているとはいえる。第４節のインタビュー調査などから，
様々なプレイヤーが山梨県ワイン産業の発展に貢献し，いくつかのイノベー
ションが生まれている。また山梨県を中心とした行政とも提携して，山梨ワイ
ンを盛り上げてきた実績もある。
　しかしながら第２・３節などでも考察したように，山梨県のワイン産業はま
だまだ微弱である。日本のワイン市場において「日本ワイン」は4.6％のシェ
アであり，甲州ワインのウエートはその日本ワイン市場の0.7％にしか過ぎな
い。その日本製ワイン全体を見ても，世界のワイン製造量（OIV 2020）258億
リットルに対して，「日本ワイン」製造量（財務省 2020）は世界全体の0.06％
（16,612kℓ）に過ぎず，その「日本ワイン」を含む日本製造のワイン全体（82,319
kℓ）にしても世界ワインの0.3％のシェアしかない。
　本章冒頭のクラスターの事例として引用されているカリフォルニアワインの
小売ベースでの売上は約4,500億円（436億ドル，１ドル104円換算）に上る
（California Wine Sales Reach $43.6 Billion in U.S. Market in 2019, 2020）。山梨県内
のワインメーカーの売上高の全体を示すデータが見当たらないため，帝国デー

タバンク（2017）の日本全国のワイナリー206社の売上状況から推定すると，日本全国のワイナリーの売上は386億円程度となる。386億円はメーカー売上であるので，小売りベースに直すために仮に1.4倍してみると，540億円となる。さらに，山梨県のメーカー数が33.5％であるのでこれを掛けると，山梨県ワイン産業の小売ベースでの売上推定は113億円となる。非常におおざっぱな推定ではあるが，山梨県のワイン産業は，カリフォルニアワインクラスターの2.5％程度でしかない。

　第3節で見てきたように，ワイン産業を含む果実酒製造業の山梨県内GDPへの貢献はわずかと言わざるを得ない。また，日本におけるワイン消費の割合自体がまだ小さい。国税庁発表の2018年度酒類課税税額によれば，ワインを含む果実酒は281.9億円，課税税額全体の2.2％に過ぎない。

5.2　「文化システム産業」視点

　こうしてみると，山梨県のワイン産業は，様々なイノベーションを興しながらも，世界的規模から見て，また山梨県内の産業から見ても，決して大きな産業ではない。この意味ではポーターが想定したような世界的に競争力を持つ「産業クラスター」と山梨県ワイン産業を呼ぶことは難しい。

　しかしながら，こうした零細な規模の産業でありながらも，第3節で見たように，山梨県から人々が想起するものとして「ワイン」や「ぶどう」関連が4割を占めている。つまり山梨県を想起するとき，ワインやブドウの存在が重要な連想要素となっており，ワイン産業の存在が山梨県という地域のアイデンティティを形づくっている。

　こうした事態をどのように解釈すればよいのか。社会学者タルコット・パーソンズ（パーソンズ 1991）が唱えた「文化システム」の理論を参照してみよう。パーソンズによれば「社会システム」と並び，「文化システム」は人間の社会的「行為」のシステムの一つとして働いている。文化的意味が人間の社会における行為システムの土台を成しているのである。社会は常にある種のパターンを維持し，統合へと作用しているが，文化システムは行為を方向づけする「志向」（orientation）の役割を果たす。例えば，教会は文化的な行為のシステムであり，宗教的志向を維持する。つまり，文化は人間の行為に意味を与え，パ

ターンをもたらし，社会を組織化する役割を果たす。

　一方，ハーバード大学の人類進化生物学教授であるヘンリックは，習慣・技術・経験則・道具など後天的に獲得された文化が，ヒトの脳に遺伝的に変化をもたらしたことを実証的に示している（Henrich 2016）。つまり，人間の進化においては文化の変化がまず先にあり，身体―遺伝的変化がその結果としてもたらされた。ヘンリックはワインの評価において，感覚的な評価が価格という文化的要因によって影響を受ける事例を挙げている。人間は同じワインであっても，高額と表示されたワインをより美味しいと評価する。文化的学習は人間の進化において決定的な役割を果たしていることになる。

　筆者は，こうした文化を生み出す産業を「文化システム産業」と呼んでみたいと考える。

　山梨県のワイン産業はまさに，こうした文化システム産業の一つとして捉えることができる。その産業が必ずしも大きな売上や収益につながらないまでも，社会においてある種の生活や思考のパターンを形づくり，生活における食やエンタテイメントの志向を生み出す役割を果たしている。

　フランス，ブルゴーニュ地方でピノ・ノワール種のワインを栽培し醸造した「芸術的ヴィニュロン（ワイン製造家）」と謳われたアンリ・ジャイエ氏（Rigaux 2011）は，「テロワール」（気候や土壌など，その土地らしさ）の価値をつくり上げることでフランスワインの価値を高めた。ワインを語るとき，テロワールやテリトーリオ概念は特に重要である（植田 2018）。

　ワイン産業を文化システム産業につくり上げるためには，その産地のテロワール/テリトーリオを表現する財としてワインを考える必要がある（木村 2021）。山梨県のワイン産業を「文化システム産業」として捉え，どのような文化的インパクトを与えられるかを追求することによって，その社会・経済的意義を確認できると考えられるのである。

◆　付記

本論の1，4，5節は田中洋，2，3節は仲田道弘の執筆による。

◆　参考文献

Aylward, D.K.（2003）"A Documentary of Innovation Support Among New World Wine Industries." *Journal of Wine Research*, 14（1），pp.31-43.

Fujita, M. & Thisse, J. K.（2013）*Economics of agglomeration: Cities, industrial location, and globalization*,（2nded.），Cambridge, UK: Cambridge University Press.（徳永澄憲・太田充訳（2017）『集積の経済学』東洋経済新報社）

Henrich, J.（2016）*The secret of our success: How culture is driving human evolution, domesticating our species, and making us smarter*, Princeton, NJ: Princeton University Press.（今西康子訳（2019）『文化がヒトを進化させた　〜人類の繁栄と＜文化－遺伝子革命＞』白揚社）

OIV（2020）"2020 Wine Production".

Porter, M. E.（1979）*On competition*, Boston, MA: Harvard Business School Press.（竹内宏高訳（1999）『競争戦略論II』ダイヤモンド社）

Rigaux, J.（2011）*Les temps de la vigne Henri Jyaer, Vigneron en Bourgogne*, Chambolle-Musigny, France: Terre en Vues.（立花洋太・立花峰夫訳（2012）『アンリ・ジャイエのブドウ畑』白水社）

Sedoglavich, Milan.（2009）*Internationalization of the Yarra Valley wine industry cluster: International wine markets and how Yarra Valley wineries are attempting to increase their foreign market share*, Saarbrucken, Germany: VDM Verlag Dr. Muller.

Zanni, L.（ed.）（2004）*Leading firms and wine clusters: Understanding the evolution of the Tuscan wine business through an international comparative analysis*, Milano, Italy: FrancoAngeli.

麻井宇介（2001）『ワインづくりの思想 ─銘醸地神話を超えて』（中公新書1606）中央公論新社。

井上葉子（2019）「プレミアムワイン産業とビジネス・エコシステム ─ナパバレーのワインビジネスを事例に─」『商学集志』89（1），pp.19-41。

小田滋晃（2001）「ワイン・ビジネス研究の対象と課題」『京都大学生物資源経済研究』7，pp.197-215。

小田滋晃（2019）「ワイン造りの醍醐味」『農業と経済』85（4），p.4。

影山将洋・徳永澄憲・阿久根優子（2006）「ワイン産業の集積とワイン・クラスターの形成 ─山梨県勝沼地域を事例として─」『フードシステム研究』12（3）（2006

年2月号），pp.39-50。

木村純子（2021 印刷中）「イタリア農業の底力：テリトーリオに埋め込まれた農業活
　　動による地域活性化」『イノベーション・マネジメント』No.18。

佐藤充克（2019）「日本のブドウ・ワイン産業の全体像」『農業と経済』85（4），pp.6
　　-20。

竹中克行・齋藤由香 （2010）『スペインワイン産業の地域資源論 ─地理的呼称制度
　　はワインづくりの場をいかに変えたか─』ナカニシヤ出版。

帝国データバンク（2017）「ワインメーカー，「山梨県」が69社で全国最多」（2017/9/1）。

仲田道弘（2018）『日本ワイン誕生考　知られざる明治期ワイン造りの全貌』山梨日
　　日新聞社。

仲田道弘（2020）『日本ワインの夜明け 葡萄酒造りを拓く』創森社。

長村知幸（2016）「ワイン・クラスター研究の国際比較分析」『商学討究』67（1），
　　pp.243-268。

パーソンズ，タルコット（1991）『文化システム論』（丸山哲央訳），ミネルヴァ書房。

林琢也（2013）「山梨県南アルプス市西野地区におけるアグリ・ツーリズムの変化と
　　観光農園経営者の適応戦略」『地学雑誌』122（3），pp.418-437。

原田喜美枝（2014）「日本のワインとワイン産業」中央大学『商学論纂』55（3），
　　pp.651-675。

三澤茂計・三澤彩奈（2018）『日本のワインで奇跡を起こす ─山梨のブドウ「甲州」
　　が世界の頂点をつかむまで─』ダイヤモンド社。

山本博（2019）「日本のワイン」『地域人』43号，pp.14-17。

Wine Institute（2020）California Wine Sales Reach $43.6 Billion in U.S. Market in
　　2019
　　（https://wineinstitute.org/press-releases/california-wine-sales-reach-43-6-billion-
　　in-u-s-market-in-2019/#:~:text=California%20Wine%20Sales%20Reach%20
　　%2443.6,Market%20in%202019%20%7C%20Wine%20Institute）
　　（2021年2月12日アクセス）

植田暁（2018）「イタリアにおけるテリトーリオの都市計画的再評価とその展開に関
　　する研究」未公刊博士論文　法政大学学術機関リポジトリ。
　　（http://doi.org/10.15002/00014640）（2021年1月8日アクセス）

財務省（2020）「酒税に関する資料」
　　（https://www.mof.go.jp/tax_policy/summary/consumption/d08.htm）

総務省統計局（2019）「ワインの支出」

（https://www.stat.go.jp/data/kakei/tsushin/pdf/2019_11.pdf）

メルシャン（2019）「ワイン参考資料」
　　（https://www.kirin.co.jp/company/data/marketdata/pdf/market_wine_2019.
　　pdf）

山梨県（2019）「『ワイン県』の宣言」
　　（https://www.pref.yamanashi.jp/chiji/dekigoto/0108/08.html）

あとがき

　21世紀に入って「地方復権」が叫ばれるようになり，「地方創生」や地域の再生は国政における重要な柱の1つとなってきている。2014年9月に「まち・ひと・しごと創生本部」が設立され，人口，経済，地域社会のそれぞれの課題について，一体的に取り組むことが政策課題として提起される一方，都道府県ならびに各市町村の各地域も自らの計画と責任においてこれに取り組むことが強く求められるようになった。

　本書では「地域創生」という切り口から「地域」を論じた。地域の創生やまちおこしが求められるようになった背景には，人口減少と地域経済縮小という悪循環からの脱却，東京一極集中の是正という課題を解決しようとすると，地域ごとにより付加価値の高い産業集積や企業・団体，商品・サービスなどを育成することを通じた，雇用の創出，住民の意識向上，地域経済社会の活性化やその魅力向上等が求められている現実がある。本書では，こういった状況に対して「地域創生」という新しい概念を用い，旧来の地域活性化だけではなく，21世紀に生まれ，またポストコロナやウィズコロナ時代ともいわれるニューノーマル（新常態）社会における新しい視点や価値観を創出することを試みた。

　その視点は多岐にわたる。地域再生，中心市街地活性化，都市再生，地域の歴史や文化の再発見，地場産業・伝統産業の継承，観光産業の推進，地域におけるビジネス・イノベーションやグローバリゼーション，SDGsなど幅広いテーマが本書では取り扱われている。地域創生に関連するテーマを幅広くカバーすることで，自治体や各種団体・企業で地域創生を目指す人々の手引き書になるとともに，大学での授業用テキスト，サブテキストとして長く活用される書物になることを意図して本書を企画した。

　これら地域創生の諸問題には，多様な視点，多様なアプローチ，多様な地域資源の確認，そして多様な価値観の認識と検討が必要となってくる。したがって，学際的な研究視点から地域創生を考察・分析していくことが重要である。その発展的な研究に向けて，多様なバックグランドを有したメンバーが，それ

ぞれの視点からマーケティングを基軸に地域創生の問題に取り組んだものが本書である。

　そういう意味で，われわれの地域創生研究はようやく途に就いたばかりにほかならない。本書が「地域創生」研究における議論の叩き台となり，地域における新たな価値創造やイノベーションを考える際のヒントを提供するものになればと願っている。

　本書は日本マーケティング学会における地域創生マーケティング研究会の企画・運営メンバーが執筆している。その契機となったのは，佐賀大学肥前セラミック研究センターと甲南大学ビジネス・イノベーション研究所との学術協定である。この取り組みが発端となり，学会でのリサーチ・プロジェクトへの応募・採択となり，地域創生マーケティング研究会が2019年4月にスタートした。その年には新潟県燕市と三条市，翌2020年には佐賀県有田町の視察を通して，伝統産業が付加価値の高い産業でもあることを確認する一方で，伝統産業の集積課題や地域課題について自治体や産業関係者にお話を伺い，地域における共創価値や創生について考える機会を得た。2年半にわたる研究会では，上記2回の産業集積への現地視察，そしてリアル対面の研究会とオンライン研究会を合わせて14回の研究会（他のリサーチ・プロジェクトとの合同研究会を含む。）を開催してきた。そこでは，今回の執筆には参加していないが，九州産業大学の侯俐娟先生を含む11名のメンバーの真摯な議論が行われ，切磋琢磨し互いに多くの刺激受けてきた。

　地域創生マーケティング研究会では，多くの関係者の方にお世話になった。新潟視察においては，金井健一氏（新潟県庁産業政策課 課長），平澤淳氏（新潟県庁産業政策課産業政策グループ政策企画員），市来敏則氏（公益財団法人にいがた産業創造機構），佐々木保氏（公益財団法人にいがた産業創造機構），田村祥子氏（公益財団法人にいがた産業創造機構），風間勇人氏（公益財団法人にいがた産業創造機構），柴山文則氏（燕市役所 産業振興部 商工振興課），武田芳貴氏（燕市役所 産業振興部 商工振興課），山崎悦次氏（山崎金属工業株式会社 代表取締役），有田町視察においては，松尾佳昭氏（有田町長），木寺寿氏（有田町まちづくり課 課長），鷲尾佳英氏（有田町役場 商工観光課 課長）高田享二氏（まちづくり公

社 会長），十四代 今泉今右衛門氏，深川祐次氏（有田商工会議所 会頭，香蘭社
代表取締役），木原正長氏（株式会社キハラ 代表取締役）に大変お世話になった。

　事例編におけるケーススタディにおいて，北海道上川町では，佐藤芳治氏
（上川町長），西木光英氏（上川町役場，産業経済課長），川端慎治氏（上川大雪酒
造 副社長），福岡県では，石田雅代氏（株式会社ふくや 網の目コミュニケーショ
ン室），山梨県では，三澤茂計氏（中央葡萄酒株式会社 代表取締役），大木貴之氏
（LOCALSTANDARD株式会社 代表/一般社団法人ワインツーリズム 代表理事）に
ヒアリングや資料の提供をお願いした。（肩書はヒアリング当時のものを記載さ
せていただいている）。紙幅の都合上お名前を挙げてはいないが，その他にもお
世話になった方々は多い。改めて関係各位にここでお礼を申し上げたい。

　最後に，厳しい出版事情にもかかわらず，本書出版に際し，本研究会の趣旨
をご理解頂き，出版を快くお引き受け頂いた中央経済社学術書編集部編集長の
市田由紀子氏に感謝の思いを記しておきたい。

2021年9月

編著者

西 村 順 二

陶 山 計 介

田 中　　洋

山口夕妃子

索　引

212

［執筆者紹介・執筆分担］（執筆順）

西村順二（にしむら じゅんじ）　　　　　　　　　　　　　　序章・第1章
編著者紹介参照。

林　優子（はやし ゆうこ）　　　　　　　　　　　　　　　　　第2章
名桜大学国際学群経営情報学系教授。熊本学園大学博士（商学）。
主著『格差社会と流通』（共著，2015，同文舘出版），『インターネットは流通と社会
　　を変えたか』（共著，2016，中央経済社）など。

武市三智子（たけち みちこ）　　　　　　　　　　　　　　　　第3章
東洋大学総合情報学部准教授。福岡大学博士（商学）。
福岡大学大学院商学研究科博士課程後期修了。沖縄大学法経学部講師，准教授を経
て現職。
主著『インターネットは流通と社会をどう変えたか』（共著，2016，中央経済社），
　　『グローバル競争と流通・マーケティング』（共著，2018，有斐閣）など。

大田謙一郎（おおた けんいちろう）　　　　　　　　　　　　　第4章
長崎県立大学 経営学部准教授。関西大学博士（商学）。
関西大学大学院商学研究科博士課程後期課程修了。
主著「食品リスク受容態度が食品スーパーの店舗選択へ及ぼす影響について」『日本
　　産業科学学会研究論叢』第21号（2017），35-42頁，「地域ブランド評価の課題—
　　資産-価値評価モデルの構築に向けて—」『長崎県立大学経済学部論集』第48巻第
　　4号（2015），125-139頁。

陶山計介（すやま けいすけ）　　　　　　　　　　　　　　　　第5章
編著者紹介参照。

井上真里（いのうえ まさと）　　　　　　　　　　　　　　　　第6章
中央大学商学部教授。明治大学博士（経営学）。
明治大学大学院経営学研究科博士後期課程修了。滋賀大学経済学部助教授，日本大
学商学部准教授を経て現職。
主著『グラフィック グローバル・ビジネス』（編著，2020，新世社），「国境を越えた
　　ブランド・アイデンティティの共有と発展 —千代むすび酒造の親会社-現地子会
　　社関係を中心に—」『流通』No.43（2018，日本流通学会）など。

天野恵美子（あまの えみこ）　　　　　　　　　　　　　第7章
関東学院大学経営学部教授。中央大学博士（商学）。
中央大学大学院商学研究科博士後期課程修了。秋田大学教育文化学部講師を経て現職。
主著『子ども消費者へのマーケティング戦略―熾烈化する子どもビジネスにおける自
　　制と規制―』（2017，ミネルヴァ書房），『2050年新しい地域社会を創る―「集い
　　の館」構想と生協の役割―』（共著，2018，東信堂）など。

砂子隆志（すなこ たかし）　　　　　　　　　　　　　　　第8章
日本旅行総研所長（株式会社日本旅行新規事業室長）。
西日本旅客鉄道（株），（株）日本旅行（地域振興，WEB販売等）を経て現職。地域
活性化コンサルタントとして観光地・観光事業者支援を担当。中小企業診断士，総
合旅行業務取扱管理者。

山口夕妃子（やまぐち ゆきこ）　　　　　　　　　　　　　第9章
編著者紹介参照。

田中　洋（たなか ひろし）　　　　　　　　　　　　　　　第10章
編著者紹介参照。

仲田道弘（なかだ みちひろ）　　　　　　　　　　　　　　第10章
やまなし観光推進機構理事長。山梨県立大学特任教授。
筑波大学社会学類卒業。山梨県観光部長などを経て現職。
主著『日本ワイン誕生考　知られざる明治期ワインの全貌』（2018，山梨日日新聞社），
　　『日本ワインの夜明け　葡萄酒造りを拓く』（2020，草森社）など。

[編著者紹介]

西村順二（にしむら じゅんじ）
甲南大学経営学部教授。神戸大学博士（商学）。
神戸大学大学院経営学研究科博士課程修了。福山大学助手・講師，甲南大学助教授，
エディンバラ大学客員研究員を経て現職。
主著『マーケティングとSNSのミカター地方創生への処方箋』（2021，中央経済社），
　　『卸売流通動態論―仕入れと販売の取引連動性』（2009，千倉書房），『先を読む
　　マーケティング』（共著，2016，同文舘出版）など。

陶山計介（すやま けいすけ）
関西大学名誉教授。一般社団法人ブランド戦略経営研究所理事長。京都大学博士（経
済学）。
京都大学大学院経済学研究科博士後期課程単位取得。関西大学商学部教授などを経
て現職。日本商業学会会長などを歴任。
主著『マーケティング戦略と需給斉合』（1993，中央経済社），『インターナルブラン
　　ディング』（共著，2021，中央経済社）など。

田中　洋（たなか ひろし）
中央大学名誉教授。事業構想大学院大学客員教授。BBT大学院客員教授。京都大学
博士（経済学）。
慶應義塾大学大学院商学研究科博士課程単位取得退学。㈱電通，法政大学経営学部
教授，コロンビア大学客員研究員，中央大学ビジネススクール教授などを経て現職。
日本マーケティング学会会長，日本消費者行動研究学会会長などを歴任。
主著『ブランド戦略ケースブック2.0』（編著，2021，同文舘出版），『現代広告全書』
　　（共編著，2021，有斐閣），『ブランド戦略論』（2017，有斐閣），『消費者行動論』
　　（2015，中央経済社）など。

山口夕妃子（やまぐち ゆきこ）
佐賀大学芸術地域デザイン学部教授。福岡大学博士（商学）。
福岡大学大学院商学研究科商学専攻博士課程後期修了。名桜大学国際学部専任講師・
助教授，長崎県立大学経済学部教授，ロードアイランド大学客員研究員を経て現職。
主著『流通経済の動態と理論展開』（共著，2017，同文舘出版），『欧米小売企業の国
　　際展開―その革新性を検証する』（共著，2019，中央経済社）など。

地域創生マーケティング

2021年11月15日　第1版第1刷発行
2024年9月30日　第1版第3刷発行

編著者　西　村　順　二
　　　　陶　山　計　介
　　　　田　中　　　洋
　　　　山　口　夕　妃　子
発行者　山　本　　　継
発行所　㈱中　央　経　済　社
発売元　㈱中央経済グループ
　　　　パ ブ リ ッ シ ン グ
〒101-0051　東京都千代田区神田神保町1-35
電話　03 (3293) 3371（編集代表）
　　　03 (3293) 3381（営業代表）
https://www.chuokeizai.co.jp
印刷／㈱堀 内 印 刷 所
製本／㈲井 上 製 本 所

ⓒ 2021
Printed in Japan

＊頁の「欠落」や「順序違い」などがありましたらお取り替えいた
しますので発売元までご送付ください。（送料小社負担）
ISBN978-4-502-39681-6　C3034